Inhalt

Vorwort

Wenn junge Kinder aus der familiären Betreuung in die erste außerfamiliäre Betreuung wechseln, tauchen viele Fragen, manchmal auch Unsicherheiten und Ängste auf. Und das nicht nur bei den Eltern, sondern auch bei den Kindern und den künftigen Bezugspersonen des Kindes in der Betreuungseinrichtung. Für das Kind und seine Eltern ist es ein einschneidendes Ereignis, aus der bisher sehr engen Beziehung zueinander und aus dem vertrauten Rahmen der Familie und des Zuhauses in eine neue, noch völlig fremde Situation zu wechseln.

Bei diesem Schritt benötigen Eltern viel Unterstützung, Information und Aufklärung, welche Faktoren dabei zu berücksichtigen sind und wie dieser Prozess zur Zufriedenheit und zum Wohle aller Beteiligten gut und verantwortungsvoll gestaltet werden kann. Schließlich wollen alle Eltern für ihr Kind das Beste und sie möchten jedwede Gefahr von ihm abwenden.

Doch insbesondere das Kind benötigt eine feinfühlige und verlässliche Unterstützung in diesem Prozess und bei den damit verbundenen Herausforderungen, die Eltern und Erzieherinnen, jeweils eigenanteilig in ihrem Zuständigkeitsbereich, aber auch gemeinsam zu bewältigen haben und begleiten.

Wie sich die unterschiedlichen Perspektiven von Kind, Eltern und Erzieherin, aber auch die der Kindergruppe in der Krippe darstellen, soll in diesem Buch aufgezeigt werden. Es werden pädagogische und psychologische Erklärungen für diese Prozesse geliefert, die dazu beitragen sollen, die jeweiligen Perspektiven besser kennen zu lernen, zu verstehen und daraus ein Handlungskonzept abzuleiten, bei dem möglichst alle Beteiligten hinreichend Berücksichtigung finden. Vor allen Dingen soll dieses Handlungskonzept nachhaltig dem Wohle des Kindes und seiner gesunden Entwicklung dienen.

Zunächst werden im ersten Kapitel die wichtigsten Erkenntnisse aus Wissenschaft und Forschung, die in Zusammenhang mit dem Übergang in die außerfamiliäre Betreuung stehen, dargelegt. In den folgenden Kapiteln werden jeweils die unterschiedlichen Perspektiven von Kindern, Eltern, Erzieherinnen und Krippengruppe in diesem Prozess entfaltet. Zusammenfassend werden dann zum Schluss Qualitätskriterien für Krippen aufgezeigt, die für einen gelingenden Übergang in die institutionelle Betreuung maßgeblich sind.

Dieses Buch richtet sich bewusst an Eltern und pädagogische Fachkräfte in Krippen. Wenn im folgenden Text die Begriffe „Mutter“ und „Erzieherin“ auftauchen, so sind dabei jeweils auch die Väter und die männlichen Betreuer in Krippen, aber auch Mitarbeiter und Mitarbeiterinnen mit anderen Fachqualifikationen gemeint. Die Entscheidung dafür folgt lediglich dem Prinzip einer besseren Lesbarkeit.

Ich wünsche allen Leserinnen und Lesern dieses Buches viele Anregungen und Unterstützung dabei, Kinder beim Übergang in die Kinderkrippe kompetent zu begleiten und ihnen einen erfolgreichen Start zu ermöglichen.

Edith Ostermayer

Von der Familie in die Kinderkrippe

Den Übergang gestalten – ein Qualitätsmerkmal

Der Übergang aus der Familie in die institutionelle Betreuung stellt für alle Kinder eine große Herausforderung dar. Insbesondere Säuglinge und Kleinkinder müssen beim Übergang zur Betreuung in Krippe oder Tagespflege enorme Anpassungsleistungen vollbringen. Sie müssen sich in einer fremden Umgebung zurechtfinden, Beziehungen zu fremden Personen aufbauen und werden mit anderen Kindern konfrontiert. Das Kind muss sich an völlig neue Alltagssituationen gewöhnen. Der Tagesablauf in der Krippe oder Tagespflege ist ein anderer als der, den es von zu Hause kennt. Vor allem aber muss es sich daran gewöhnen, täglich mehrere Stunden von seinen Eltern getrennt zu sein. Diese Lern- und Anpassungsleistungen sind häufig für das Kind mit erheblichem Stress verbunden.

Die Gestaltung des Übergangs von der Familie in die institutionelle Betreuung von Säuglingen und Kleinkindern ist ein Qualitätsmerkmal.

Ohne Eltern geht es nicht

Auch wenn kleine Kinder bereits in der Lage sind, solche Anpassungsleistungen zu bewältigen, benötigen sie dazu jedoch unbedingt die Unterstützung durch ihre Eltern. Ohne angemessene Beteiligung der Eltern an diesem Prozess können, wie ein Forschungsprojekt Ende der 80er Jahre an der Freien Universität in Berlin belegt, gewisse Risiken auftreten. Laut dieser Studie erkrankten etliche Kinder, die keine angemessene Begleitung ihrer Eltern bei der Umgewöhnung erhielten, während der ersten sieben Monate ihres Krippenaufenthaltes. Darüber hinaus zeigten einige Kinder nach dieser Zeit Entwicklungsrückstände. Bei einigen Kindern traten Irritationen in der Mutter-Kind-Bindung auf (Laewen, 1989).

Aus diesem Grund muss eine Beteiligung der Eltern am Eingewöhnungsprozess ihrer Kinder in Krippe, Kindertagesstätte oder Tagespflege unbedingt fester Bestandteil der pädagogischen Konzeption sein und als absolutes Qualitätsmerkmal früher Tagesbetreuung gesehen werden.

Wissenswertes aus der Forschung

Der erste Übergang des Kindes von der Familie in die außerfamiliäre Betreuung ist zweifellos ein markantes Ereignis. Hierbei muss berücksichtigt werden, wie das Kind, aber auch seine Familie und die professionellen Betreuungspersonen unter psychologischem Aspekt mit der Bewältigung dieses Prozesses umgehen. Je nach Alter des Kindes und Typ der Betreuungseinrichtung kann es um die Aufnahme und Eingewöhnung eines unterdreijährigen Kindes in die Krippe, in die Tagespflege oder in die Kindertagesstätte in eine Gruppe mit erweiterter Altersmischung gehen. Die einzelnen Bundesländer bieten dabei jeweils unterschiedliche Betreuungsformen und -strukturen an.

Forschungsansätze zum Übergang

Der institutionellen Betreuung Unter-Dreijähriger wurde in den letzten Jahren zunehmend Aufmerksamkeit geschenkt, so dass sich auch verschiedene Forschungszweige damit befassen, wie Übergänge und Veränderungen bewältigt werden können. Dazu zählt zum einen der aus der Familienpsychologie erwachsene Bereich der *Transitionsforschung*. Ebenso beschäftigt sich die *Stressforschung* mit diesem Thema und liefert einen Rahmen für die Erklärung von Belastungssituationen. Eine grundlegende Hypothese der Forschungen ist, dass Veränderungen im Lebensumfeld des Kindes leichter zu bewältigen sind, wenn sie vorhersehbar und kontrollierbar gestaltet werden. Das bedeutet für die pädagogische Praxis im Kontext des Überganges von der Familie in die Betreuungseinrichtung insbesondere, dass sich alle Beteiligten frühzeitig mit der anstehenden Herausforderung beschäftigen, diese vorbereiten und verantwortungsvoll planen.

Die Gestaltung des Übergangs zwischen Familie und Betreuungseinrichtung ist eine gemeinsame Aufgabe aller Beteiligten.

Schließlich befasst sich der *ökopsychologische Ansatz* damit, wie alle in diesen Prozess involvierten Personen auf unterschiedlichen Ebenen individuell, aber auch in ihren Interaktionen sowie in den verschiedenen Lebenskontexten einbezogen werden können.

Was das für die Beteiligten – Kinder, Eltern Erzieherinnen und die anderen Gruppenkinder – jeweils bedeutet, wird in weiteren Kapiteln genauer dargelegt.

Die Qualität der Bindungsbeziehungen

Die Tatsache, dass Kinder teilweise sehr unterschiedlich auf den Beginn einer außerfamiliären Betreuung reagieren, können wir insbesondere dann besser verstehen, wenn wir uns mit den frühen Bindungsbeziehungen befassen. Die Bindungsbeziehungen haben einen sehr großen Einfluss und eine hohe Bedeutung für die Entwicklung der Kinder. Deshalb sollten sie besondere Aufmerksamkeit erfahren.

Jeder Säugling ist auf eine einfühlsame und beständige Versorgung anderer Menschen angewiesen, denn durch sie lernt er, dass seine Signale für die unterschiedlichsten Bedürfnisse und Gefühlslagen innerhalb kürzester Zeit und verlässlich beantwortet und befriedigt werden.

Die besondere Beziehung, die ein Kind zu seinen Eltern oder einer anderen Person hat, die es ständig betreut, wird Bindung genannt. Dafür gibt es eine biologisch begründete Bereitschaft und Notwendigkeit, wobei sich die individuelle Bindungsart eines Kindes an seine Bezugsperson sehr unterschiedlich darstellen kann. Die Bindung zu Mutter, Vater oder einer anderen Bezugsperson kann also unterschiedliche Qualitäten haben.

Der Aufbau einer Bindung oder Bindungsbeziehung gilt als eine der wichtigsten sozial-emotionalen Entwicklungsaufgaben des kleinen Kindes.

Unterschiedliche Bindungsmuster und ihre Äußerungsformen

Die Bindungsqualität hängt in entscheidendem Maße von der Feinfühligkeit und emotionalen Verfügbarkeit der Eltern bzw. der primären Bezugspersonen ab. Man misst sie am Grad des Vertrauens des Kindes in die Zuwendung der Bindungsperson und ihrer Fähigkeit, das Kind in Belastungssituationen zu beruhigen. So erklärt es sich, dass das Kind mit verschiedenen Bindungspersonen unterschiedliche Bindungsqualitäten erleben kann. Die Bindungserfahrungen, die das Kind von frühester Zeit an macht, bestimmen demnach auch sein Verhalten.

Sicher gebundene Kinder

Wenn die primären Bezugspersonen die Signale des Kindes von Beginn an sensibel beachten und darauf angemessen reagieren, bilden Kinder eine so genannte *sichere Bindung* aus. Aufgrund ihrer Erfahrungen von tragfähigen Interaktio-

nen konnten sie ein positives inneres Selbstbild entwickeln sowie positive Vorstellungen über und Erwartungen an die Bindungsperson und ihr Verhalten. Auch in Situationen mit relativ hoher emotionaler Belastung, wie z.B. bei der Trennung von einem Elternteil während der Eingewöhnung, können sie Gefühle offen äußern. In ausgeglichenen, angstfreien Situationen zeigen sie ein explorierendes (erkundendes) und unbefangenes Spielverhalten. Sind sie jedoch durch Belastungen verunsichert, wenden sie sich an ihre Bezugsperson, in dem Vertrauen und aus der Erfahrung heraus, dass diese sie unterstützen und trösten wird. Sie können ihren Kummer oder ihre Angst mitteilen und Zuwendung annehmen. Im Körperkontakt mit dieser Person baut sich ihre innere Anspannung ab. Das Kind entwickelt durch diese Erfahrungen ein Selbstbild und inneres Arbeitsmodell, demzufolge es liebenswert, wichtig und wertvoll ist. Es weiß, dass es anderen vertrauen und sich auf sie verlassen kann.

Sicher gebundene Kinder kommen mit Belastungssituationen besser zurecht.

Unsicher gebundene Kinder

Abhängig von den Erfahrungen, die das Kind während seines ersten Lebensjahres mit der Bindungsperson macht, kann ebenso auch Bindungsunsicherheit entstehen. In der Bindungsforschung unterscheidet man mehrere Varianten unsicherer Bindungsmuster.

Von der *unsicher vermeidenden Bindung* spricht man, wenn Kinder in Trennungssituationen selbst bei der Rückkehr der Bindungsperson erst gar nicht deren Nähe suchen. Sie haben nämlich bereits oft erfahren, dass diese nicht verlässlich ist und sie in Belastungssituationen nicht unterstützend auf das Kind einwirkt und haben sich in Not zurückgewiesen gefühlt. Durch das Vermeiden von Nähe umgehen sie somit weitere Enttäuschungen. Diese Kinder zeigen in Trennungssituationen oft scheinbar wenig Interesse am Geschehen und vermeiden eher Kontakte. Sie spielen demonstrativ alleine und wirken unbelastet, sind jedoch innerlich stark belastet. Aufgrund ihrer Erfahrungen entwickeln sie die Haltung, dass sie ihre Bedürfnisse verleugnen müssen, um nicht zurückgewiesen zu werden. Sie neigen dazu, zu tun, was man von ihnen erwartet. Insgesamt zeigen diese Kinder ein negatives Selbstwertgefühl.

Unsicher gebundene Kinder entwickeln ein negatives Selbstwertgefühl und es mangelt ihnen an Selbstständigkeit.

Wenn Kleinstkinder während und nach der Trennung von der Bindungsperson ein auffällig übertriebenes und häufig widersprüchliches Verhalten zeigen, kann man von *unsicherambivalenter* Bindung sprechen. Der unvorhersehbare und unberechenbare Umgang der Bindungsperson mit den Bedürfnissen und Äußerungen des Kindes ruft dieses Bindungsmuster hervor. Mit diesem Verhalten der Erwachsenen wird seine Erfahrungswelt unberechenbar, unvorhersehbar und auch widersprüchlich. Diese Tatsache lässt das Kind dann sehr schnell verzweifeln und extrem reagieren. Aus Angst die Bindungsperson zu verlieren, lässt solch ein Kind diese kaum aus den Augen. Bei Trennungen reagiert es mit intensivem und lautstarkem Bindungsverhalten. Es schreit, weint und klammert sich an die Bindungsperson. Kommt sie nach einer gewissen Phase der Trennung zurück, lässt sich dieses Kind selten effektiv beruhigen. Es zeigt Ärger über die Bindungsperson und lehnt zuweilen ihre Nähe ab. Das Kind weiß nie, was es zu erwarten hat. Es hat Angst, eine Gelegenheit der Zuneigung und Liebesbezeugung zu verpassen, und gerät somit in starke Abhängigkeit von der Bindungsperson. Dadurch fehlt es ihm an Selbstständigkeit.

In den letzten Jahren formulierte die Bindungsforschung einen weiteren bislang nicht definierten Bindungstypen: die *desorganisierte Bindung*. Kinder mit einem solchen Bindungsmuster zeigen häufig ein extrem widersprüchliches und kaum zu interpretierendes Verhalten, und dies nicht nur in Belastungssituationen.

Sie erscheinen in einem ständigen Konflikt zwischen dem Wunsch nach Kontakt und Angst vor der Bindungsperson. Häufig gehen die Bindungspersonen ängstigend mit den Kindern um bis hin zu Vernachlässigung, Misshandlung oder Missbrauch. Sie sind nicht hinreichend responsiv und zeigen keine angemessene Feinfühligkeit, denn oft sind sie selbst traumatisiert oder durch eigene Problemlagen wie Depressions- und Suchterkrankung beeinträchtigt und im Kontakt mit dem Kind unsicher und geängstigt. Entsprechend entwickeln solche Kinder eine Erwartungshaltung, dass andere Menschen sie vernachlässigen oder sie emotional, körperlich oder sexuell missbrauchen. So entsteht bei ihnen ein Selbstbild, unfähig zu sein, die eigenen Bedürfnisse befriedigt zu bekommen. Und sie wissen nicht, wie sie sich schützen können.

Eigenschaften und Verschiedenartigkeit von Bindungsbeziehungen

In der jüngeren Bindungsforschung hat man insbesondere fünf Komponenten beschrieben, die eine Bindungsbeziehung ausmachen (Booth u.a. 2003):

- Zuwendung
- Sicherheit
- Stressreduktion
- Explorationsunterstützung

- Assistenz.

Diese Merkmale von Bindungsbeziehungen werden im Kontext von Mutter-Kind-, Vater-Kind- oder auch Erzieher-Kind-Beziehungen unterschiedlich stark angesprochen.

Die Mutter-Kind-Beziehung

Es ist unstrittig, dass im Beziehungsnetz des Kindes die *Mutter-Kind-Beziehung* einen besonderen Stellenwert einnimmt. Das ist zum einen biologisch begründet (Geburtsverlauf, Stillverhalten der Mutter etc.), unterliegt aber auch anderen biopsychosozialen Faktoren, die eine Bindung zusätzlich begünstigen (Ahnert, 2004).

Diesem Beziehungstypen können im Allgemeinen Formen emotional-positiver Zuwendung sowie sicherheitsgebende und stressreduzierende Funktionen zugeschrieben werden.

Die Vater-Kind-Beziehung

Die *Vater-Kind-Beziehung* dagegen zeichnet sich vorwiegend durch herzliche Kontakte aus, die hauptsächlich durch Spiel und gemeinsame Unternehmungen geprägt sind. Darüber hinaus unterstützen Väter ihre (Klein) Kinder deutlich in ihrer Autonomie. Das wiederum dient der Eigenständigkeit des Kindes und wirkt begünstigend auf sein Erkundungsverhalten und seine Neugierde. Dane-

ben bieten Väter ihrem Kind häufig Unterstützung und Assistenz bei schwierigen Herausforderungen.

Die Erzieher-Kind-Beziehung

In der *Erzieher-Kind-Beziehung* schließlich können Kinder ähnlich wie in einer Mutter-Kind-Beziehung durchaus Sicherheit, Zuwendung und Stressreduktion erfahren. Die Erzieherin steht jedoch nicht nur einem einzelnen Kind zur Verfügung, sondern muss ihre Aufmerksamkeit und Zuwendung auf mehrere Kinder, eine Gruppe also, verteilen.

Das Verhalten der Erzieherin muss demnach empathisch und gruppenbezogen ausgerichtet sein und sich unter Einbezug der Anforderungen der Gruppe zugleich sensitiv auf die sozialen Bedürfnise der Kinder beziehen. Dabei darf sie „den für das einzelne Kind wichtigen Zeitpunkt der Zuwendung nicht verpassen und muss dann individualbezogen mit der Situation umgehen." (Ahnert 2008, S.5). Darüber hinaus sollten Erzieherinnen die kindlichen Aktivitäten assistieren und Kinder in ihrem Erkundungsverhalten unterstützen. Sie sollten in ihrem pädagogischen Umgang also alle fünf Beziehungseigenschaften abdecken, die sich ansonsten tendenziell eher auf Mutter-Kind- und Vater-Kind-Beziehungen verteilen – ein hoher Anspruch, der jedoch die Qualität institutioneller Betreuung insbesondere von Säuglingen und Kleinkindern ausmacht.

Begleitung durch die Eltern und konstante Bezugspersonen in der Krippe

Im Kontext außerfamiliärer Betreuung von Kindern unter drei Jahren gewinnt der Aufbau von Beziehungen und von Bindungsbeziehungen zu fremden Bezugspersonen an Bedeutung. Wenn das Kind aus seiner vertrauten familiären Umgebung in die Kindertageseinrichtung oder Krippe kommt, muss dort eine Erzieherin zu seiner Bezugs- oder sogar Bindungsperson werden, damit das Kind kein Risiko in seiner psychischen und physischen Entwicklung erfährt.

Besonders sensibel ist die Eingewöhnung von Kindern zwischen dem 7. und 24. Lebensmonat zu handhaben, da das Bindungsverhalten in diesem Entwicklungsalter sehr störanfällig ist.

Das Kind braucht in der Eingewöhnung unbedingt die Hilfe einer primären Bindungsperson, was in der Regel die Eltern sind. Es muss deshalb in den ersten Wochen der Fremdbetreuung von einem Elternteil begleitet werden. Seine Bezugserzieherin baut in dieser Phase allmählich Kontakt zu ihm auf, der immer näher und vertrauter wird.

Die elternbegleitete Eingewöhnung dauert so lange an, bis das Kind Vertrauen zu seiner Bezugserzieherin aufgebaut hat und zulässt, sich von dieser wickeln, füttern und in den Schlaf begleiten zu lassen. Es sollte zunehmend über eine längere Zeit des Tages ohne seine Eltern auskommen können, wobei hier unbedingt das Entwicklungsalter des Kleinstkindes zu berücksichtigen ist. Wenn irgend möglich, sollten Kinder unter einem Jahr die Einrichtung nur stundenweise oder für einen halben Tag besuchen.

Das Kind muss zur Eingewöhnung in die Krippe oder Kindertageseinrichtung von seinen Eltern begleitet werden und braucht dort eine feste Bezugsperson.

Für das Gelingen der Eingewöhnung ist neben der Elternbegleitung die Bezugspersonenorientierung von hoher Bedeutung. Bei der eingewöhnenden Erzieherin sollte es sich konstant um dieselbe Person handeln. Das gewährt dem Kind Orientierung, Schutz und Halt und erleichtert ihm, allmählich Vertrauen in die neue Umgebung und Situation zu gewinnen und diese zu bewältigen. Doch auch für Eltern ist es wichtig, eine konstante Bezugsperson und vertraute Ansprechpartner für die Belange ihres Kindes zu haben.

Berliner Eingewöhnungsmodell

Ein Konzept, das diese Aspekte bei der Eingewöhnung berücksichtigt und mittlerweile wohl am meisten bekannt ist, ist das *Berliner Eingewöhnungsmodell*, das vom Institut für angewandte Sozialisationsforschung (INFANS) entwickelt wurde und bereits seit den 80er Jahren Anwendung findet. Kuno Beller entwickelte dieses Modell in den 90er Jahren weiter. In seinem Ansatz setzt er insbesondere auf stressreduzierende Maßnahmen und Unterstützungssysteme für alle Beteiligten, also für das Kind sowie seine Eltern, und stellt auch den Bezug zu der Bedeutung der anderen Kinder in der Gruppe her. Bellers Modell der elternbegleiteten Eingewöhnung schließt auch ganz bewusst ein, dass Kinder ihre Gefühle von Kummer, Trauer und Sehnsucht während der Übergangssituation zeigen. Nur so können sie erleben, dass sie negative Gefühle haben dürfen und dass diese sowohl von ihren Eltern als auch von den neuen Bezugspersonen akzeptiert werden.

Eingewöhnungszeiten sind Zeiten, die bei Kindern und Eltern von großer Aufregung und von Unsicherheiten geprägt sind. Für die pädagogischen Fachkräfte bedeuten sie eine hohe Anforderung an ihre Professionalität. Wie die verschiedenen Beteiligten den Übergang von der Familie in die Kinderkrippe erleben und welche Konsequenzen sich daraus für die Gestaltung der Eingewöhnungsphase ergeben, wird in den folgenden Kapiteln näher betrachtet.

„Ich komme in die Kinderkrippe!“

„Ich komme in die Krippe“ – Die Perspektive des Kindes

Wenn ein Säugling oder Kleinkind in die erste außerfamiliäre Betreuung wechselt, mutet man dem Kind auch mehr Selbstständigkeit zu, was wiederum Einfluss auf das kindliche Selbstkonzept nimmt.

Der Übergang selbst ist je nach Entwicklungsstand des Kindes zuweilen vonseiten des Kindes und auch bei seinen Eltern mit unterschiedlich starken Gefühlen verbunden: Aufregung, Unsicherheit, Ängstlichkeit oder auch Vorfreude. Dabei sind die Bewältigungsreaktionen und Anpassungsleistungen von Kind zu Kind verschieden und unterliegen unterschiedlichen Zeiten.

Welche Gefühle und Stimmungen prägen das Kind in der Übergangsphase?

Der Übergang in die Krippe oder in die Kita geht mit Verlusterfahrungen und -ängsten im Hinblick auf die primären Bindungspersonen einher. Die frühen Bindungserfahrungen sowie bisherige Trennungserfahrungen spielen dabei deutlich mit hinein.

Das junge Kind sieht sich beim Übergang von der bisher vertrautesten und engsten Betreuung und Beziehung in eine neue, außerfamiliäre Betreuung zunächst einer völlig fremden Situation ausgesetzt. Es befindet sich in einem räumlich unbekannten Umfeld. Meist sind noch andere, bisher noch unbekannte Kinder anwesend und obendrein gibt es da eine (bzw. mehrere) gänzlich unbekannte erwachsene Person, mit der es künftig einen guten Teil seines Tagesablaufs verbringen wird. Wenn dann nach wenigen Tagen der Eingewöhnung, bei der die Mutter oder der Vater dabei ist, diese für einige Zeit den Raum verlässt, löst das für die meisten Kinder in hohem Maße Stress aus. „Wo geht Mama oder Papa hin? Wird sie wieder kommen? Und wann? Warum geht Mama oder Papa jetzt weg?“ – All das sind Fragen, die ein junges Kind in dieser Situation beschäftigen.

> ***Während der Eingewöhnungsphase ist das Kind einer völlig fremden Situation ausgesetzt. Entsprechend beschäftigen es viele Fragen.***

Doch auch Fragen in Richtung der neuen Bezugsperson können Einfluss nehmen. „Wird sie mir Zeit lassen, sie kennen zu lernen? Darf ich das Maß dabei selbst bestimmen? Wird sie mich beschützen und unterstützen? Wird sie mich trösten, wenn ich traurig bin?“ In besonderem Maße ist für das Kind jedoch auch wichtig zu spüren, ob die neue Bezugsperson die Mutter oder den Vater auch mögen wird und umgekehrt.

Kinder nehmen sehr feinfühlig die gegenseitige Akzeptanz und das gegenseitige Vertrauen der hier involvierten Erwachsenen wahr, ein Aspekt der unbedingt für eine professionelle und qualitätsvolle Eingewöhnung berücksichtig und vonseiten des pädagogischen Fachpersonals zusammen mit den Eltern gezielt gestaltet werden muss.

Was kann den Übergang für das Kind erleichtern?

Doch neben diesen Ängsten und Unsicherheiten, die Kinder in solchen Situationen beschäftigen, besitzen sie auch andere Gefühlsqualitäten und Motivationen. Neben ihrem Bedürfnis nach Bindung haben alle Kinder das Bedürfnis nach Exploration. Sie besitzen von Geburt an eine unerschöpfliche Neugierde und Lernmotivation. Sie sind daran interessiert, ihre Umgebung aktiv zu erkunden und zu erforschen. Und dazu zählt sowohl die räumliche und materielle Umgebung wie auch die soziale Umgebung, d.h. auch andere Kinder!

Sichere Bindungserfahrungen

Sicherlich haben es Kinder mit sicheren Bindungserfahrungen zu ihren primären Bindungspersonen einfacher, sich an die neue Umgebung und Situation zu gewöhnen. Dies heißt jedoch längst nicht, dass diese Kinder während der Eingewöhnung nicht weinen oder traurig sind. Sie bringen jedoch bessere Voraussetzungen mit, darauf zu vertrauen, dass sie in diesem Prozess nicht alleine gelassen sind und auf Trost, Kooperation und Unterstützung vertrauen dürfen; und dies sowohl vonseiten ihrer Eltern wie auch zunehmend vonseiten der Bezugserzieherin. Ihr Boden, auf dem sie stehen, ist stabiler als bei Kindern mit unsicheren Bindungserfahrungen. Dennoch benötigen alle Kinder in dieser Zeit die Begleitung eines Elternteils!

Kinder, die gerade einen Übergang aus der familiären Umgebung bewältigen müssen, sollten vor allen Dingen nach wie vor die Verlässlichkeit und Sicherheit in den Bindungsbeziehungen zu ihren primären Bindungspersonen erfahren. Manchmal gelingt es sogar, dass sich unsichere Bindungsqualitäten zwischen Eltern und Kind unter feinfühliger Begleitung der Eltern durch die Erzieherinnen zu sicheren Bindungen entwickeln.

In der Eingewöhnungsphase müssen Kinder vor allem eine sichere Bindung zu ihren Eltern erleben. Klare Vereinbarungen und Verlässlichkeit sind wichtig und hilfreich.

In diesem Kontext ist es für eine gelingende Eingewöhnung unbedingt erforderlich, dass sich Eltern an getroffene Vereinbarungen halten und dass sie nach der vereinbarten Trennungszeit pünktlich wieder kommen. Zuvor sollten sie sich jedoch beim Weggehen auch deutlich und kurz verabschiedet haben. Jede Hinauszögerung des Abschieds macht es dem Kind schwer, den Abschied als solchen zu verstehen und selbst die Mutter loszulassen. „Kuss und Schluss“ ist hier das Gebot der Stunde. Nach der Rückkehr der Mutter oder des Vaters in die Gruppe sollte dann der Abschied möglichst zeitnah stattfinden, damit das Kind auch für kommende Zeiten lernt: „Wenn Mama oder Papa kommt, gehe ich mit ihnen nach Hause.“

Bestehende Beziehungen zu anderen Kindern der Gruppe

Wenn das Kind in die Krippe kommt, müssen neue Beziehungen aufgebaut werden: zu den Betreuungspersonen und den anderen Kindern und auch zu Kindern anderer Alters- und Entwicklungsstufen. In solchen Situationen kann es für das Kind und auch für seine Eltern hilfreich sein, wenn es bereits mit einem oder mehreren Kindern aus der Gruppe bekannt ist. Manche Kinder haben vor dem Krippenbesuch bereits mit ihren Eltern eine Krabbelgruppe oder PEkiP-Gruppe besucht und darüber Erfahrungen mit anderen Kindern machen können. Das Zusammensein mit anderen Kindern ist ihnen so zumindest nicht ganz neu. Und vermutlich konnten sie auch dort bereits schon die Erfahrung machen, dass ihre Eltern ihnen in der Situation verlässlich zur Seite stehen. Das heißt, das Kind kann dann schon auf Erfahrungswerte zurückgreifen.

Übergangsobjekte

Vielen Kindern hilft es beim Übergang, wenn sie in der neuen Umgebung einen vertrauten Gegenstand von zu Hause bei sich haben können. Man spricht dann von einem Übergangsobjekt. Das ist für das eine Kind die Teeflasche, eine Puppe oder ein Teddybär. Für das andere Kind ist es vielleicht ein Halstuch, das Mama ansonsten trägt und das womöglich noch nach ihr riecht.

Manche Einrichtungen lassen beim Eintritt des Kindes in die Krippe von den Eltern Fotos von den Familienmitgliedern des Kindes mitbringen, die in einem kleinen Fotoalbum für das Kind aufbewahrt werden. Dieses kann die Erzieherin dann gerade in den Momenten der Trennungszeiten heranholen, wo es das Kind schwer hat, die Rückkehr von Mama oder Papa abzuwarten, oder auch sonst, wenn das Kind emotionale Ermüdungserscheinungen zeigt.

Die innere Erlaubnis, sich in der neuen Umgebung wohlzufühlen

Vor allem zeigt sich immer wieder, dass einer der wichtigsten förderlichen Faktoren für einen guten Übergang in die außerfamiliäre Betreuung die Tatsache darstellt, dass die Eltern, insbesondere das Elternteil, das das Kind während der Eingewöhnung begleitet, dem Kind sozusagen eine innere Erlaubnis dafür gibt, sich in der neuen Umgebung wohlzufühlen. Das Kind spürt dann deutlich den Vertrauensvorschuss der Eltern in die neue Umgebung. Das wiederum setzt voraus, dass die Eltern selbst bereit sind, das Kind loszulassen, und dass sie ihm zutrauen, dass es mit der neuen Situation, wenn auch nicht sofort, aber doch in absehbarer Zeit, umgehen kann.

Bewusste Gestaltung der Bring- und Abholsituationen

Neben den bisher erwähnten Elementen ist eine bewusste Gestaltung der Bring- und Abholsituationen für das kindliche Wohlbefinden und Vertrauen relevant. Diese Situationen stellen für das Kind einen täglichen Wechsel von einem Bezugssystem zu einem anderen dar. Es wechselt am Morgen von der Mutter zur Erzieherin und nachmittags wieder in die umgekehrte Richtung. Für diesen Wechsel braucht das Kind ein wenig Zeit, vor allem aber die Aufmerksamkeit der beiden Bindungspersonen, die des abholenden Elternteils und die der Erzieherin. Beide Personen sollten in dieser Situation anwesend sein und die Übergabe achtsam gestalten. Beim Bringen sollte immer die Mutter das Kind der Erzieherin übergeben und nicht etwa die Erzieherin das Kind der Mutter aus dem Arm nehmen. Dieser Akt der Übergabe hat symbolischen Charakter und zeigt dem Kind, dass die Mutter es vertrauensvoll in die Obhut der Bezugserzieherin gibt. Manchmal haben Eltern und ihr Kind bestimmte Abschiedsrituale, die der Erzieherin möglicherweise etwas lange dauern. Dennoch sollten diese Rituale nicht unterbrochen werden, da es für das Kind eine Irritation darstellen könnte und eine Situation unvollständig erscheinen lässt. Es bleibt dann sozusagen etwas offen und ist für das kindliche Empfinden nicht „ganz" bzw. abgeschlossen. Dennoch sollten Eltern wissen, dass zu lange Abschiedsrituale es dem Kind erschweren können loszulassen.

Rituale in Bringzeiten können dem Kind den Abschied erleichtern, zu lange Abschiedsrituale erschweren jedoch die Trennung.

Regelmäßiger Besuch der Einrichtung

Vor allem ist es für das neue Kind wichtig, dass es die Einrichtung regelmäßig besucht. Nur durch die kontinuierliche Begegnung mit der neuen Umgebung und den neuen Menschen dort kann sich das Kind allmählich an diese gewöhnen und diese von nun an als festen Bestandteil seines Lebens integrieren. Selbst Kinder, die den Krippenplatz künftig nur tageweise in Anspruch nehmen, werden – im Zuge von so genannten „Platz-Sharing"-Verfahren ist das in einigen Einrichtungen möglich – sollten während der Eingewöhnung möglichst täglich gebracht werden.

Was kann den Übergang für das Kind erschweren?

Unsichere Bindungserfahrungen

Unsichere Bindungserfahrungen können den Übergang in die außerfamiliäre Betreuung für das Kind deutlich erschweren. Kinder, die immer wieder die Erfahrung gemacht haben, von ihren Eltern im Stich gelassen worden zu sein, wenn sie emotional aus dem Gleichgewicht geraten sind, und die dann nicht die notwendige Zuwendung und Unterstützung, ja Beistand erhalten haben, werden auch der neuen Situation wieder mit der entsprechenden Erwartungshaltung gegenüberstehen. Auch Kinder, die ihre Eltern bislang nicht verlässlich zugewandt und unterstützend erlebt haben, sondern nur hin und wieder und nur dann, wenn es die erwachsenen Bindungspersonen gerade als angemessen erachteten, werden sich mit ähnlichen Schwierigkeiten und Unsicherheiten mit der Übergangssituation konfrontiert sehen. Diese Kinder bringen zumindest keine optimalen psychischen Voraussetzungen für die anstehende Entwicklungsaufgabe mit.

Negative Übergangserfahrungen und fehlende Elternbegleitung

Aber auch bisher erlebte negative Erfahrungen eines Übergangs ganz ohne oder ohne hinreichende Elternbegleitung können in die aktuelle Übergangssituation hineinwirken.

Doch müssen wir ebenso bedenken, dass Eltern die Eingewöhnung ihres Kindes in die institutionelle Betreuung zuweilen aus unterschiedlichen Gründen nicht begleiten können. Dies kann aufgrund unerwartet notwendiger zeitiger Rückkehr eines Elternteils an den Arbeitsplatz oder durch den Umzug an einen neuen Wohnort, der mit zeitgleichem Antritt einer Arbeitsstelle verbunden ist, eintreten. Darüber hinaus können auch andere Ursachen zugrunde liegen. Von dem betroffenen Kind ist dann natürlich eine besonders hohe Anpassungsleistung gefordert. Doch auch für die Einrichtung, insbesondere für die eingewöhnende Erzieherin, bedeutet dies eine hohe Anforderung an ihre Professionalität und Sensibilität.

Probleme der Eltern, das Kind loszulassen

Die bereits erwähnte Tatsache, dass manche Eltern ihr Kind schlecht loslassen können, wirkt sich auf den Eingewöhnungsprozess des Kindes eher hinderlich aus. Es ist durch die Unsicherheit oder das Zögern seiner Eltern wegzugehen, selbst verunsichert. Auch ein unzuverlässiges Verhalten vonseiten der Eltern, wenn diese z.B. bei den ersten Trennungsversuchen später als zur vereinbarten Zeit in die Krippengruppe zurückzukehren oder sich gar von der Einrichtung entfernen, so dass sie bei großem Kummer des Kindes nicht wieder zurückgeholt werden können, kann im Sinne des Kindeswohls und für einen weiteren positiven Verlauf der Eingewöhnung nicht akzeptiert werden.

Häuslicher Stress

Manchmal ist es aber auch der Stress zu Hause, den Mutter oder Vater bis zum Zeitpunkt der Übergabe in die Einrichtung hinter sich haben, der Einfluss auf die Übergangssituation nimmt. Vielleicht mussten erst noch die Kinder alle versorgt und in Kindergarten oder Schule gebracht werden, es gab Verzögerungen beim Aufstehen und Frühstücken der anderen Familienmitglieder oder es ist bereits am frühen Morgen irgendetwas Gravierendes passiert, so dass nicht nur die Eltern, sondern auch das kleine Kind aus der Fassung geraten sind. In solchen Fällen ist es immer hilfreich, wenn die Erzieherin von der Mutter oder vom Vater eine entsprechende Information erhält, wenn sie nicht ohnehin die Gemütsverfassung der beiden Neuankömmlinge wahrnimmt. An solchen Tagen brauchen Kinder oft besonders die Anwesenheit ihrer Eltern und es sollten keine deutlichen Veränderungen im Eingewöhnungsprozess vorgenommen werden, wie z.B. der erste Trennungsversuch oder dass das Kind zum ersten Mal alleine in der Krippe schlafen soll.

In stressgeladenen Zeiten sollte das Kind nicht über die Maßen in seinen Anpassungsleistungen gefordert werden. Eine gute Abstimmung aller Beteiligten hilft.

Krankheit und Zeitdruck

Doch auch weitere Vorfälle können einen guten Verlauf der Eingewöhnung beeinträchtigen. Wenn das Kind z.B. krank wird und für einige Tage oder gar Wochen der Einrichtung fernbleiben muss, ist es häufig erforderlich, noch einmal neu mit der Eingewöhnung zu beginnen. Das kann für Kind und Eltern vor allem dann schwierig werden, wenn der Antritt der Arbeit unmittelbar bevorsteht und die verbleibende Zeit für die Eingewöhnung deutlich knapper wird. Die Eltern geraten dann leicht unter Druck, denn der Arbeitgeber erwartet den vereinbarten Arbeitsantritt und zwar mit voller Arbeitskraft. Dies wiederum übt oftmals auch auf die eingewöhnende Erzieherin enormen Druck aus, da sie die Not der Mutter oder des Vaters erkennt und spürt und bemüht ist, möglichst alle Beteiligten gut bei der Bewältigung dieses Prozesses zu unterstützen. Schließlich wirken sich solch ungünstige Umstände und die damit einhergehende Anspannung auch auf das Kind aus, so dass es sich nicht selten irritiert und äußerst unsicher in der Situation zeigt. Gerade in solchen Fällen müssen sich alle Beteiligten gut und noch einmal neu miteinander abstimmen.

Unterschiedliche Bewältigungsstrategien

Der Umgang mit Gefühlen

Manche Kinder zeigen während des Übergangs offen ihre Gefühle. Sie weinen, klagen, zeigen sich traurig und verzweifelt. Diese Kinder sind häufig am besten dran, denn nur über den Ausdruck ihrer Gefühle können sie lernen, mit diesen umzugehen und dabei Unterstützung erfahren.

Andere Kinder wiederum unterdrücken ihre Gefühle. Einige scheinen sogar völlig unbelastet. (Wie wir wissen, kann das mit ihren bisherigen Bindungserfahrungen zusammenhängen.) Aber auch diese Kinder stehen unter einem enormen psychischen und physiologischen Stress. Die permanente Unterdrückung ihrer Gefühle oder der Bedürfnisse nach Trost und Zuwendung kann deutliche Auswirkungen auf die Gesundheit haben. Nicht selten werden diese Kinder nach einigen Tagen oder Wochen der Eingewöhnung krank.

Kinder haben unterschiedliche Bewältigungsstrategien, mit der Übergangssituation umzugehen. Diejenigen, die offen ihre Gefühle zeigen können, auch wenn diese negativ erscheinen, haben es leichter als Kinder, die ihre Gefühle unterdrücken.

Übergangsobjekte, Kontaktbremse, Trostpflaster

Auch der deutliche Bezug auf die bereits oben erwähnten Übergangsobjekte stellt für das Kind eine Form dar, die Übergangssituation zu bewältigen. Diese Objekte geben ihnen Halt und sehr häufig halten sich die Kinder auch an ihnen fest.

Eine weitere Strategie, mit der neuen Situation umzugehen, ist für das Kind in der Eingewöhnungsphase zuweilen auch, den Kontakt zur eingewöhnenden Erzieherin und manchmal auch zu den anderen Kindern zu vermeiden. Es spielt vorerst noch lieber mit Mama oder Papa oder sogar alleine.

Andere Kinder benötigen im wahrsten Sinne des Wortes zuweilen auch ein Trostpflaster. Jegliche Form körperlichen oder seelischen Leids muss dann mit einem Pflästerchen versorgt und zugedeckt werden. Die Zuwendung, die das Kind dabei erfährt, sichert ihm auf jeden Fall die Aufmerksamkeit und den Schutz durch die Erzieherin und darüber hinaus auch zuhause. Diese Kinder sind oftmals während der Eingewöhnung auch in ihrem familiären Kontext sehr verletzungsempfindlich, verletzlich und schutzbedürftig. Dann ist es wichtig, dass sie einerseits diese besondere Zuwendung erfahren und gleichzeitig von ihren Eltern und auch der Erzieherin das Zutrauen erfahren, mit der Situation langfristig umgehen zu können.

Krisen sind auch Chancen

Selbstwirksamkeit erleben

Neben allen Unsicherheiten und Ängsten, die bisher angesprochen wurden, bietet eine Eingewöhnung, die elternbegleitet gestaltet wird, jedoch auch wertvolle Lernerfahrungen. Das Kind lernt, dass es mit seinem Verhalten etwas bewirken kann. Es erfährt Trost, wenn es weint. Es erlebt Resonanz auf seine Bedürfnisäußerungen durch die Bezugserzieherin und auch durch das begleitende Elternteil. Dadurch erlebt es sich in seiner Selbstwirksamkeit. Ebenso erfährt es, dass es gemeinsam mit anderen – den Eltern, der Erzieherin, anderen Kindern – Probleme lösen kann. Es erhält dadurch wiederum wertvolle Erfolgserlebnisse und kann gestärkt aus dieser Krise herausgehen. Vor allen Dingen wird das Kind dadurch kompetenter im Umgang mit weiteren schwierigen Situationen.

Der Resilienz-Ansatz definiert diese Kompetenz als psychische Widerstandskraft in belastenden Situationen und die damit einhergehende Fähigkeit, mit diesen umgehen zu können. Diese Fähigkeit erwächst insbesondere aus Lernerfahrungen, in denen das Kind in belastenden Situationen Unterstützung und Beistand erfährt und erlebt, dass es diese dadurch gut bewältigen kann. Die Lernerfahrungen, die ein Kind während einer Übergangsphase macht, wird es auch auf später folgende Übergänge übertragen. Aus diesem Grund ist die Investition in einen gelingenden Übergang von der familiären in die erste außerfamiliäre Betreuung absolut lohnenswert und wirkt nachhaltig.

Psychische Widerstandskraft (= Resilienz) und Bewältigungskompetenzen entwickeln Kinder, wenn sie in belastenden Situationen Beistand erfahren.

Wo Kinder jedoch nicht diese Erfahrungen machen können, wo sie in solchen Übergangssituationen alleine gelassen werden, fühlen sie sich der Situation vielmehr ausgeliefert. Sie fühlen sich hilflos. Sie nehmen ihre Umgebung und Probleme allgemein als unkontrollierbar wahr und werden in der Folge zunehmend weniger versuchen, neue Situationen oder Probleme zu bewältigen.

Erweiterung der Kommunikationserfahrungen

Ein weiterer Zugewinn für das Kind in der neuen Betreuungssituation liegt in einer Erweiterung seiner Kommunikationserfahrungen. Im Hinblick auf seine Kommunikationsfähigkeit profitiert das Kind in der Krippe von der neuen Bezugsperson ebenso wie von den anderen Kindern. Jeder von ihnen verfügt über eine eigene, für das Kind neue Art der Kommunikation. Dabei spielen die verschiedenen Ausdrucksformen von Mimik, Gestik, Verhalten, Sprechen, Schweigen, Blicke etc. eine große Rolle. Das neue Kind in der Krippengruppe lernt, die unterschiedlichen Arten der Verständigung zu interpretieren und einzuordnen, wobei natürlich auch Missverständnisse auftauchen können. Es hat dort Gelegenheit, über die verschiedenen Kontakte mehr oder weniger „mehrsprachig“ aufzuwachsen (Winner, Erndt-Doll, 2009, S. 26). In dieser Verschiedenartigkeit der Kommunikationsformen liegen gleichzeitig große Chancen für die Entwicklung des Kindes. Im Kontakt mit den anderen Kindern und Erwachsenen erfährt es vielfältige Informationen über und Antworten auf sich selbst.

Lernen durch Anforderungen und Konflikte

Auch wenn Kinder Phasen der Stabilität brauchen und Zeiten, in denen sie sich auf sicherem Boden wissen und ihre bisher erworbenen Kompetenzen genießen können, können diese kein dauerhafter Zustand sein. Solche Zustände der Harmonie sind auf gewisse Weise auch unbeweglich, denn in ihnen verändert und bewegt sich nichts. Überall, wo dagegen Entwicklung stattfindet, entstehen zunächst oftmals Konflikte mit den neuen Anforderungen durch die Umwelt und mit sich selbst. Und es können richtiggehend Krisen entstehen. Krisen aber sind die Triebfeder von Entwicklungsprozessen, auch wenn das anstrengend ist und Mühe macht. Ohne diese Krisen jedoch gäbe es keine Entwicklung.

Herausforderungen und Konflikte stoßen Entwicklungsprozesse bei Kindern an und bringen diese letztlich weiter.

„Unser Kind kommt in die Krippe!“

„Unser Kind kommt in die Krippe“ – Die Perspektive der Eltern

Auch Eltern müssen den Übergang ihres Kindes in die außerfamiliäre Betreuung bewältigen. Von heute auf morgen werden sie Eltern eines Krippen- oder Kindergartenkindes. Sie müssen sich mit gesellschaftlichen Erwartungen, manchmal auch mit Vorurteilen und nicht selten mit ihren eigenen Schuldgefühlen oder inneren Konflikten auseinandersetzen. Nur wenige Eltern geben ihr junges Kind leichten Herzens in die Obhut einer Fremdbetreuung, auch wenn sie sich auf den Wiedereinstieg ins Berufsleben freuen mögen. Viele Fragen stehen in dieser Situation an:

Was Eltern beschäftigt

- Werde ich diese neue Situation gut organisieren können?
- Wie lassen sich die vielfältigen Aufgaben wie Arbeit, Kinderbetreuung, Familie und eigene Ansprüche miteinander in Einklang bringen?
- Wird mein Kind das gut verkraften und ohne Schaden bewältigen?
- Wird es sich in der neuen Umgebung wohlfühlen und zurechtfinden?
- Wird es Vertrauen zu der neuen Bezugsperson fassen?“
  Vor allem fragen sich nahezu alle Eltern in dieser Phase:
- Werde ich nach wie vor die wichtigste Person für mein Kind bleiben?

Eltern müssen beim Übergang ihres Kindes in die Krippe lernen und akzeptieren, dass ihr Kind nun Beziehungen zu anderen Erwachsenen eingeht und dass diese eigenständigen Beziehungen nicht mit der Eltern-Kind-Beziehung in Konkurrenz stehen. Auch sie selbst müssen eine vertrauensvolle Beziehung zur Erzieherin aufbauen.

Was kann den Übergang für die Eltern erleichtern?

Unterstützung durch andere Eltern

Andere Eltern von neuen Krippenkindern oder Eltern, die bereits Erfahrungen mit Übergangssituationen gemacht haben, können Eltern bei der eigenen Bewältigung dieser Veränderung unterstützen.

Vielleicht haben die Eltern auch schon zuvor in ähnlichen Kontexten, z. B. in einer Krabbel- oder PEKiP-Gruppe, angenehme Kontakte zu anderen Eltern aufbauen können, die ihr Kind ebenfalls in die Krippe eingewöhnen werden und mit denen sie sich nun austauschen können. Auf diesem Weg können Eltern ein gutes Maß an Unterstützung auf gleicher Ebene erfahren. So können sie mit anderen Eltern über ihre Gefühle und Ängste sprechen und möglicherweise von den Erfahrungen anderer lernen.

Frühzeitige Information über den Krippenalltag

Was vor allen Dingen hilft, ist eine frühzeitige Information und Aufklärung über den Alltag in der Krippe vonseiten der Einrichtung. Eltern müssen wissen, wie sich der neue Tagesablauf für ihr Kind gestalten wird. Sie müssen ein gutes Gefühl dafür entwickeln können, dass ihr Kind in der Krippe gut versorgt sein wird. Sie wollen erfahren, dass und wie man auf seine individuellen Gewohnheiten und Bedürfnisse eingehen wird und sie möchten sichergehen, dass sie als Eltern darüber informiert werden, wenn es ihrem Kind nicht gut geht oder ob es besondere Vorkommnisse während ihrer Abwesenheit gab. Eltern interessiert also sowohl die Organisa-

Eltern hilft es, wenn sie frühzeitig über die Abläufe in der Krippe informiert werden und sie außerdem das Kommunikationssystem der Einrichtung gut kennen und einschätzen können.

tion wie auch das Kommunikationssystem der Einrichtung. Hier hilft ihnen beim Erstkontakt mit der Einrichtung eine Führung durch das Haus sowie eine detaillierte Erläuterung der Abläufe in der Krippe und in den einzelnen Gruppen. Bei dieser ersten Kontaktaufnahme spielt für Eltern eine große Rolle, wie viel Zeit man sich für sie und ihre Fragen nimmt, wie freundlich und offen sie aufgenommen werden. Sie registrieren ebenso, welche Atmosphäre in der Einrichtung spürbar ist, wie die Mitarbeiterinnen mit den Kindern umgehen, wie sie miteinander umgehen und wie die Räume wirken.

Aufnahmegespräch zum gegenseitigen Kennenlernen

Besonders von Interesse ist für Eltern natürlich, in welche Gruppe und zu welchen Erzieherinnen ihr Kind kommen wird. Sie möchten die neue Bezugsperson ihres Kindes kennen lernen und sich einen Eindruck von ihr als Person, ihrer Feinfühligkeit wie auch von ihrer fachlichen Kompetenz machen. Sie möchten diese Person als vertrauenswürdig erleben, so dass sie dieser ihr Kind mit einem guten Gefühl überlassen können. Vor allem wollen sie im Gespräch und Kontakt mit den künftigen Erzieherinnen ihres Kindes spüren, dass diese ihnen ihr Kind nicht entfremden wollen, sondern dass sie diese als wichtigste Person im Leben ihres Kindes achten und respektieren. Hier kommt es auf kleinste Signale an, die Eltern wahrnehmen und die entweder beruhigen oder aber verunsichern können.

Eine wertschätzende und akzeptierende Haltung beim gegenseitigen Kennenlernen von Eltern und Betreuungspersonen ist dem Vertrauensaufbau sehr förderlich.

Ein Aufnahmegespräch, in dem unter anderem wichtige Informationen über den bisherigen Entwicklungsverlauf des Kindes sowie seine individuellen Gewohnheiten und gesundheitliche Aspekte ausgetauscht werden, bietet einen guten Rahmen, innerhalb dessen ein gegenseitiges Kennenlernen und „Beschnuppern“ möglich ist.

Eingewöhnungsgespräch

Wichtig ist für Eltern ebenso die Frage, wie der Übergang von dem bisher so vertrauten familiären Rahmen mit wenigen Bezugspersonen in die Krippe mit bisher fremden Erwachsenen und in die Kindergruppe bewerkstelligt werden kann, ohne dass ihr Kind Schaden dabei nimmt. Ein Eingewöhnungsgespräch, an dem die künftigen Gruppenerzieherinnen teilnehmen und welches vorrangig die einzugewöhnende Erzieherin leitet, bietet hierfür einen angemessenen Rahmen. In diesem Gespräch müssen Eltern sehr detailliert informiert werden, wie die künftigen Bezugserzieherinnen diesen Prozess gestalten und wer welche Rolle dabei einnehmen wird. Eltern richten ihr Augenmerk durchaus auf ein gut durchdachtes, verantwortungsvoll gestaltetes sowie fundiertes Eingewöhnungskonzept. Wenn dieses in schriftlicher Form vorliegt, können Eltern die Informationen auch mit nach Hause nehmen und es sich noch einmal in Ruhe aneignen. Das gilt auch für alle anderen Informationen, die die Einrichtung und ihre Abläufe betreffen.

An der Stelle sei erwähnt, dass Eltern unbedingt frühzeitig Absprachen mit ihren Arbeitgebern treffen sollten, wann sie ihre Arbeit (wieder) aufnehmen. So sollte die Eingewöhnung immer mindestens vier Wochen vor Arbeitsantritt begonnen werden. Nur so können sich Kind und Eltern der Übergangssituation ohne Druck widmen und sich Zeit geben, diese zu bewältigen.

Bring- und Abholrituale

Das Einhalten Können der täglichen und ganz persönlichen Bring- und Abholrituale ist unter Umständen auch für die Eltern von hohem Stellenwert, stellt es doch etwas ganz Intimes zwischen ihnen und ihrem Kind dar. Diese Rituale sollten dennoch nicht zu lange ausgedehnt werden, weil es dann nicht nur für das Kind zunehmend schwer wird, die Trennungssituation als solche wahrzunehmen und zu verstehen. Und damit ist der morgendliche Abschied von den Eltern wie auch der nachmittägliche Abschied von der Krippe gemeint. Ebenso können lange Abschiedsrituale für Eltern problematisch sein, weil sie in ihrer Entschlossenheit, zu gehen und das Kind vertrauensvoll in der Krippe zu belassen, möglicherweise schwankend werden könnten. Hier gilt es also, das richtige Maß zu finden, mit dem Kind und Eltern gleichermaßen gut umgehen können. Bestenfalls sollten Eltern dann auf gut gemeinte Hinweise und Empfehlungen der Erzieherin eingehen.

Info-Austausch und Vertrauen in das Kommunikationssystem der Krippe

Aber auch der Informationsaustausch, den Bring- und Abholsituationen bieten können, stellt oftmals einen stabilisierenden und vertrauensbildenden Faktor für Eltern dar. Am Morgen können die Eltern den Erzieherinnen erzählen, in welcher Verfassung ihr Kind ist, ob es gut geschlafen hat, etwa Bauchschmerzen hat oder ob es heute etwas aus seinem inneren Gleichgewicht ist und womöglich noch etwas besondere Zuwendung braucht. Wenn Erzieherinnen diese Informationen offen und dankbar entgegennehmen, können Eltern zuversichtlich sein, dass dies im Kontakt mit ihrem Kind berücksichtigt wird. Beim Abholen wiederum sind die Erzieherinnen in der Rolle der Informationslieferanten. Wie ging es dem Kind heute in der Krippe? Wie und wie lange hat es geschlafen? Was hat es gegessen? Was war in der Windel? Gab es sonstige Vorkommnisse?

Nicht zuletzt zählt das Vertrauen, das Eltern in die pädagogischen Fachkräfte haben, über alles Wichtige, was ihr Kind anbelangt, informiert zu werden.

Zutrauen ins Kind

Eltern unterstützen den Übergang ihres Kindes in die Krippe, wenn sie ihrem Kind zutrauen, diese Herausforderung zu meistern. Dies soll keineswegs bedeuten, leichtfertig mit dieser bedeutungsvollen Entwicklungsaufgabe des Kindes umzugehen. Sicherlich sollten Eltern den Kindern in dieser Entwicklungsphase achtsam und unterstützend zur Seite stehen. Es bedeutet vielmehr, darum zu wissen, dass Kinder eben auch neugierige und lernbegierige kleine Menschen sind, die an Erfolgserlebnissen wachsen. Das

Der Übergang gelingt leichter, wenn Eltern den Prozess zuversichtlich und vertrauensvoll begleiten und wenn sie ihrem Kind die Entwicklungsaufgabe und der Erzieherin Professionalität zutrauen.

Zutrauen sollte sich auch in Richtung der Erzieherin richten, an ihre Professionalität und an den Qualitätsanspruch der aufnehmenden Einrichtung. Ein guter Vertrauensvorschuss in das Kind und die pädagogischen Fachkräfte der Einrichtung kann ein wichtiger Baustein für einen gelingenden Übergang sein.

Welche Rolle sollten Eltern während der Eingewöhnung einnehmen?

Die Anwesenheit bei der allmählichen Eingewöhnung ihres Kindes ermöglicht Eltern zunächst einmal, ihrem Anspruch und Bedürfnis gerecht zu werden, ihr Kind zu betreuen und es nicht zu vernachlässigen. Darüber hinaus können sie sich davon überzeugen, dass ihrem Kind in der Krippe keine Gefahr droht. Gerade berufstätigen Müttern hilft es, wenn sie feststellen, dass ihre Berufstätigkeit ihrem Kind, das nun in einer Einrichtung betreut werden soll, nicht schadet. Das kann ihr eigenes Selbstbild als berufstätige Mutter stärken, was sich wiederum auf das Wohlbefinden des Kindes auswirkt.

Die ersten Tage: Anwesenheit der Eltern in der Gruppe

Während ihrer Anwesenheit in der Krippengruppe, in der ihr Kind eingewöhnt wird, sollten sich die Eltern am Rand der Gruppe platzieren, von wo aus sie einen guten Überblick auf das Geschehen in der Gruppe und das Verhalten der Erzieherinnen haben. Ob ihr Kind sich bei ihnen aufhalten möchte oder ob es von sich aus zu den interessanten Dingen der neuen Umgebung oder hin zu den anderen Kindern in der Gruppe strebt, bleibt zu beobachten. In jedem Fall sollte das Kind seinen Impulsen folgen können. Gerade hier ist für die Entwicklung des kindlichen Vertrauens wichtig, dass das Kind die Freiheit hat, sich von seinem Elternteil zu lösen und jederzeit wieder zu ihm zurückzukehren. Wenn das Kind noch an dem Elternteil klammert, sollte es von diesem nicht veranlasst werden, mit den anderen Kindern zu spielen. Das würde Druck auf das Kind ausüben.

Das Kind braucht die Freiheit, sich jederzeit von dem anwesenden Elternteil zu lösen und wieder zurückkehren zu können.

Eltern sollten es immer akzeptieren, wenn ihr Kind ihre Nähe sucht.

Wenn sich das Kind aber bereits kurz nach Eintritt in die Gruppe bereits von der Mutter abwendet und sich ohne Angst den anderen Dingen der Umgebung zuwendet oder sich den Kindern anschließt, sollte diese es als gutes Zeichen werten. Sie kann sich trotz dieser Beobachtung sicher sein, dass das Kind sie dennoch braucht und sich gerade wegen ihrer Anwesenheit so verhalten kann.

In diesem Kontext ist wichtig zu wissen, dass sich insbesondere bei solch interessierten und aktiven Kindern oftmals erst nach einigen Tagen oder Wochen Unsicherheiten oder Trennungsängste einstellen können, und dann ist es umso wichtiger, dass Mutter oder Vater noch präsent sind. Das macht wiederum deutlich, weshalb eine Eingewöhnung Zeit braucht und nicht innerhalb weniger Tage geleistet werden kann oder sollte. Manche Kinder sind auch grundsätzlich eher gehemmt in ihren Gefühlsausdrücken und es dauert, bis sie ihre Befindlichkeit offen zeigen können. Dann ist es sehr gut, wenn noch ein Elternteil anwesend ist, der das Kind in der Situation trösten kann, bevor es möglicherweise seine Gefühle vermeidet oder verdrängt.

Während ihrer Anwesenheit in der Gruppe sollten die Eltern möglichst nicht lesen oder mit anderen Kindern spielen, denn das Kind muss das Gefühl haben, dass seine Eltern ihm gegenüber jederzeit aufmerksam sind.

Nach einigen Tagen: Erste kurze Trennungsversuche

Wenn nach wenigen Tagen der Eingewöhnung ein erster kurzer Trennungsversuch stattfindet, sollte sich die Mutter einige Minuten nach Ankunft im Gruppenraum von ihrem Kind verabschieden. Sie sollte dann den Gruppenraum verlassen und sich in der Nähe aufhalten. Das kann eine speziell vorbereitete Elternecke in der Einrichtung sein oder ein anderer Platz, der ihr von den Erzieherinnen für diese Zeit angeboten wird. Nun ist wichtig, dass sich die Eltern an die vorher mit der Erzieherin getroffenen Absprachen halten und die vereinbarte Dauer der Trennung einhalten. Sie können darauf vertrauen, dass sie gerufen werden, wenn das Kind in der Zwischenzeit weinen und sich nicht dauerhaft von der Erzieherin trösten lassen würde.

Eltern sollten sich immer deutlich verabschieden und sich niemals aus dem Gruppenraum „hinausschleichen“, wenn das Kind gerade abgelenkt erscheint.

Hier ist es gut, wenn sich Eltern innerlich darauf einstellen, dass ihr Kind in der Trennungssituation weinen kann. Das kann als absolut natürliches und gesundes Bindungsverhalten des Kindes gewertet werden. In dieser Situation ist es besser, stark zu bleiben und nach der Verabschiedung vom Kind dennoch zu gehen. Gerade der bewusste und möglichst kurze Abschied vom Kind ist hier ein wichtiger Faktor.

Wenn der erste Trennungsversuch nicht positiv verläuft, wird der nächste erst nach einigen Tagen der Stabilisierung versucht. Der erste Trennungsversuch sollte auch nie an einem Montag stattfinden, da dann die Kinder noch sehr an die innige Verbindung mit den Eltern von zu Hause gewöhnt sind und sich erst wieder an die neue und andere Situation in der Krippe gewöhnen müssen.

Langsam steigernde Verweildauer und schrittweiser Rückzug der Eltern

Die ersten Besuche in der Krippe sollten nie länger als eine Stunde dauern und zunächst während der Spielzeiten stattfinden. Nach einigen Tagen kann die Anwesenheit in der Krippe in Absprache mit der Erzieherin ausgedehnt werden, so dass nun auch Essenssituationen und das Wickeln in dieser Zeit stattfinden können.

Diese Tätigkeiten sollte anfangs noch die Mutter übernehmen. Die Erzieherin ist dabei in unmittelbarer Nähe, damit das Kind die jeweilige Situation mit der neuen Bezugsperson in Verbindung bringen kann. Allmählich übernimmt dann die Erzieherin in Anwesenheit der Mutter das Füttern und Wickeln.

Wird das Kind nicht mehr gefüttert und kann es schon am Tisch essen, sollte die Mutter die ersten Male hier auch bei ihrem Kind sitzen und später nur noch am Rande oder das Geschehen von außen beobachten.

Auch dem Schlafen sollte bewusst Beachtung geschenkt werden. In einer neuen und fremden Umgebung einzuschlafen, sich völlig der Situation anzuvertrauen und hinzugeben sowie jegliche Kontrolle abzugeben, fällt vielen Kindern nicht leicht. Aus diesem Grund sollte auch das Einschlafen anfangs noch von der Mutter begleitet werden. Hier ist ebenso wichtig, dass die Mutter dann auch beim Aufwachen anwesend ist, denn es ist gar nicht so einfach, nach dem Schlaf wieder in die veränderte Situation und die neue Realität zurückzufinden. Das braucht anfangs noch die Begleitung durch die Eltern. Doch auch diesen Part übernimmt mit der Zeit die Erzieherin.

Die Mutter sollte es immer mehr der Erzieherin überlassen, auf die Signale des Kindes zu reagieren, und nur dann helfen, wenn das Kind die Erzieherin noch nicht akzeptiert.

Ausweitung der Betreuungsdauer

Wenn das Kind in der Einrichtung die Essenssituationen, das Wickeln und Schlafen durch die Begleitung der Erzieherin akzeptiert, kann sein Aufenthalt auf mehr als einen halben Tag verlängert werden. So wird die Betreuungsdauer allmählich auf den vollen Umfang erweitert. Doch auch hier spielt die Bereitschaft der Eltern eine große Rolle, das Kind schon ganz der Betreuung durch die Erzieherin zu überlassen.

In der Schlussphase der Eingewöhnung halten sich die Eltern nicht mehr in der Krippe auf, sind jedoch noch für einige Tage jederzeit erreichbar. Möglicherweise ist die neue Beziehung zur Erzieherin wider alle bisherigen Beobachtungen doch noch nicht tragfähig genug, um das Kind in besonderen Fällen aufzufangen.

Die Eingewöhnung kann als beendet gelten, wenn das Kind die Erzieherin als sichere Basis akzeptiert, sich von ihr trösten und rundum versorgen lässt. Zwar kann es dann immer noch vorkommen, dass das Kind beim Abschied weint, es lässt sich jedoch von seiner Erzieherin schnell trösten und kann dann in gelöster und guter Stimmung spielen.

Was kann den Übergang für die Eltern erschweren?

Konkurrenzängste

Es gibt kaum Eltern, die sich beim Übergang in eine außerfamiliäre Betreuung nicht sorgen um eine Beeinträchtigung der Beziehung zwischen ihnen und ihrem Kind. Auch wenn sie sich noch so sehr darüber im Klaren sind, wie wichtig es für ihr Kind ist, eine tragfähige Beziehung zu der neuen Bezugsperson aufzubauen, spielen oftmals unbewusst auch Konkurrenzängste mit in diese Situation hinein. In diesen Fällen kommt es zuweilen vor, dass Eltern während ihrer Anwesenheit in der Gruppe sehr aktiv um die Aufmerksamkeit ihres Kindes bemüht sind, und so den so wichtigen Kontaktaufbau ihres Kindes mit der Erzieherin oder anderen Kindern in der Gruppe verhindern.

Ungewohnt passive Rolle und Anwesenheit im Hintergrund

Es ist nicht immer für alle Eltern leicht, die eher passive Rolle während ihrer Anwesenheit in der Krippengruppe einzunehmen. Sie greifen dann zuweilen auch sehr in das Gruppengeschehen ein, was unter Umständen auch bei den anderen Kindern eine Erwartungshaltung nach Aufmerksamkeit und Zuwendung weckt, die letztendlich nicht adäquat und auf Dauer zu beantworten ist. Dadurch können die Kinder womöglich auch deutlich in ihren Explorations- und Autonomiebestrebungen beeinträchtigt werden.

Eltern sind die eher passive Rolle nicht gewohnt, ihre Anwesenheit im Hintergrund kann trotzdem sehr wichtig sein.

Wenn Kinder in den ersten Tagen keine Probleme mit der neuen Situation zu haben scheinen, sich leicht von dem begleitenden Elternteil lösen und sich neugierig und freudig den Spielgegenständen im Gruppenraum und den anderen Kindern zuwenden, ist es für manche Eltern nicht immer nachvollziehbar, weshalb ihre Anwesenheit dennoch gebraucht wird und für das Kind einen hohen Sicherheits- und Vertrauensfaktor darstellt. Hier ist es wichtig, dass sich die Eltern dennoch an die vorher getroffenen Vereinbarungen einer Elternbegleitung während der Eingewöhnungsphase halten.

Krankheit während der Eingewöhnung

Auch der vorher bereits erwähnte Fall, dass das Kind während der Eingewöhnungsphase krank wird – und das womöglich über einen längeren Zeitraum – kann Eltern stark belasten. Denn der Zeitkorridor, der für die Eingewöhnung gedacht war und bis zum Eintritt ins Arbeitsleben bleibt, wird womöglich immer enger. Druck baut sich auf, der sich dann schnell auch auf das Kind und die eingewöhnende Erzieherin übertragen kann. Sollte durch die Erkrankung des Kindes eine längere Pause während der Eingewöhnung eintreten, ist eventuell sogar zu überlegen, ob den zweiten Anlauf nicht besser der andere Elternteil übernimmt, zum Beispiel also der Vater, der dann Urlaub nimmt, was möglicherweise einfacher umzusetzen ist, als mit dem neuen Arbeitgeber der Mutter wegen eines verzögerten Arbeitsantritts zu verhandeln. Denn für den mütterlichen Wiedereinstieg in den Beruf wären das ausgesprochen ungünstige Startbedingungen. Solche Situationen sind jedoch Gott sei Dank außerordentlich selten, müssen dann aber auch von allen Beteiligten mit getragen werden.

Unzureichendes soziales Netz

Zuletzt soll noch angeführt werden, wie wichtig es für die Eltern eines neuen Krippenkindes ist, über ein soziales Netz zu verfügen. Das können Partner sein, Verwandte oder Freunde. Insbesondere alleinerziehende Eltern sollten dazu ermutigt werden, die Last der Trennung von ihrem Kind nicht in Isolation zu ertragen. Wo solche Netze nicht vorhanden sind, sei es, dass die Großeltern an einem anderen Ort wohnen, der Partner von Berufs wegen die Woche über an einem anderen Ort lebt oder dass man selbst ganz neu in der Stadt ist und keine Freunde und Verwandten vor Ort hat, auf die man zurückgreifen kann, dann ist es umso wichtiger, den Kontakt und Austausch mit den Erzieherinnen zu pflegen und sich dort auch ruhig Hilfe bei eigenen Unsicherheiten und Ängsten zu holen. Doch auch andere Eltern aus der Krippe können hier wertvolle Ansprechpartner sein und Unterstützung bieten.

Kritik an der frühen institutionellen Kinderbetreuung

Nicht nur das Fehlen eines sozialen Netzes kann es Eltern erschweren, diese Situation zu bewältigen. Auch die immer noch existenten Abwehrhaltungen gegenüber und häufig auch scharfe Kritik an Eltern, insbesondere Müttern, die sich aus welchen Gründen auch immer für eine frühe institutionelle Betreuung ihres Kindes entscheiden, lösen zum Teil große innere und äußere Konflikte bei den betroffenen Eltern aus. Da braucht es Mut und innere Stärke, zu der Entscheidung zu stehen und sich ganz auf die Zusammenarbeit mit der Einrichtung zu verlassen und darauf zu vertrauen, dass diese in der Übergangssituation das Bestmögliche für das Kind und die Eltern gestalten will und wird.

Mangelnde soziale Stützsysteme und eine in der Gesellschaft verbreitete Abwehrhaltung erschweren Eltern die Bewältigung des Übergangs.

Die Emotionen der Eltern sollten in den Begegnungen und Gesprächen mit dem Fachpersonal unbedingt zugelassen und gezielt aufgegriffen werden. Eltern benötigen in der Übergangssituation eine bewusste Einbeziehung und Stärkung ihrer elterlichen Kompetenz.

„Ein neues Kind in unserer Einrichtung!“

„Ein neues Kind in unserer Einrichtung“ – Die Perspektive der Erzieherin

Erzieherinnen, die Kinder in die Krippe eingewöhnen, werden vor und während der Eingewöhnungsphase stark beansprucht. Es gilt, Kontakt zu den Eltern anzubahnen, sie umfassend zu informieren und in den Gesprächen vor der Eingewöhnung Grundlagen für gegenseitiges Vertrauen aufzubauen. Das braucht einerseits absolute Aufmerksamkeit, Achtsamkeit und Einfühlungsvermögen vonseiten der Erzieherin. Andererseits ist ihr natürlich auch daran gelegen, ihr Fachwissen weiterzugeben und ihre professionelle Kompetenz zu zeigen.

Das Team in der Krippe samt Leitung kann der einzelnen Erzieherin dann als soziales Netzwerk dienen, das sie in dieser Situation und bei ihren Aufgaben unterstützt. Gegenseitige Erfahrungen können ausgetauscht werden, neue Ideen vermittelt und Ermutigung zum Ausdruck gebracht werden.

Erzieherinnen, die einen Eingewöhnungsprozess gestalten sollen, stellen sich ähnlich wie Eltern oder Kinder Fragen, die sich um das Akzeptiert Werden drehen.

Was Erzieherinnen beschäftigt

- Wird das Kind eine gute und tragfähige Beziehung zu mir aufbauen können?
- Wird es sich bei mir und in unserer Einrichtung wohlfühlen?
- Werden mich seine Eltern als neue Bezugsperson akzeptieren und mir Vertrauen schenken?“
- Wird es mir gelingen, die Eltern genügend einzubinden?
- Werden die Eltern bei der Eingewöhnung in dem Maß mitwirken, wie wir es für das Kind als wichtig erachten?

Was kann den Übergang für die Erzieherin erleichtern?

Kennenlernen von Eltern und Kind

So wie es für Eltern wichtig ist, die neuen Bezugspersonen ihres Kindes kennen zu lernen, ist es umgekehrt wichtig für die Erzieherin, die Eltern und über diese wiederum das Kind kennen zu lernen. In einem Gespräch zur Aufnahme können hier wichtige Informationen über das Kind, seine bisherige Entwicklung, seine Gewohnheiten und Besonderheiten eingeholt werden. Außerdem gewinnen nicht nur die Eltern einen Eindruck von der Erzieherin als Person, sondern ebenso die Erzieherinnen von den Eltern.

- Wie geht es den Eltern mit dem anstehenden Übergang ihres Kindes in unserer Einrichtung?
- Welche ganzheitlichen Veränderungsprozesse kommen auf die Familie zu?
- Was ist den Eltern für die Betreuung, Bildung und Erziehung ihres Kindes wichtig?
- Was wünschen sie sich für ihr Kind?

Detaillierte Informationen im Vorfeld als Basis der Zusammenarbeit

Im Eingewöhnungsgespräch kann die Erzieherin dann nicht nur den Eingewöhnungsprozess erläutern mit den jeweiligen Rollen, die Eltern und Erzieherinnen einnehmen, sie kann außerdem die Eltern auf das möglicherweise auftretende Verhalten des Kindes oder gar Schwierigkeiten während der Eingewöhnung hinweisen. So können sich die Eltern auch auf einen eventuell nicht geradlinigen Verlauf des Prozesses einstellen und sich schon vorher erkundigen, wie damit am besten umzugehen wäre. Diese detaillierten Informationen vor Beginn der Eingewöhnung tragen ebenfalls zum gegenseitigen Kennenlernen und zur Schaffung von Transparenz bezüglich des erzieherischen Verhaltens bei. Sie bilden

Gegenseitiges Kennenlernen und Transparenz über das pädagogische Vorgehen schaffen eine Vertrauensbasis, die die Zusammenarbeit mit den Eltern erleichtert, vor allem wenn Probleme bei der Eingewöhnung auftreten.

darüber hinaus eine wichtige Grundlage für gegenseitiges Vertrauen und die Basis für eine gute Zusammenarbeit mit den Eltern. Wie schon früher dargelegt, ist dies einer der wichtigsten Bausteine im Übergangsprozess.

Auch hier soll darauf hingewiesen werden, wie wichtig es ist, dass die neuen Bezugserzieherinnen des Kindes den Eltern deutlich machen, dass sie nicht die Absicht haben, ihnen ihr Kind zu entfremden, und dass die Eltern nach wie vor die wichtigsten Personen für das Kind bleiben werden. Wo auch solche „Tabuthemen“ auf den Tisch kommen, schwirren sie nicht als Geister in der Eltern-Erzieher-Beziehung umher, sondern können klar angesprochen und bearbeitet werden. Das erleichtert und unterstützt einen offenen und vertrauensvollen Umgang miteinander.

Klare Absprachen zum elterlichen Verhalten während der Eingewöhnung

In der Übergangssituation unterstützt es die Erzieherin, wenn vor und während der Eingewöhnung klare Absprachen zwischen ihr und den Eltern getroffen werden, an die sich die Eltern dann auch halten. Insbesondere ein eher passives Verhalten der Eltern während ihrer Anwesenheit in der Eingewöhnungszeit hilft dabei, dass das Kind allmählich Kontakt zur Erzieherin aufbaut und dass sie ihm beweisen kann, dass sie von nun an eine verlässliche und einfühlsame Bezugsperson für das Kind sein wird. Die Rolle der Eltern im Hintergrund hilft auch dabei, dass sich das Kind in der Gruppe und mit den anderen Kindern schneller vertraut fühlt und dass es sich in der neuen Umgebung orientieren kann. Dadurch wird das neue Kind von seiner Bezugsperson nicht in der Art abhängig, dass es die Zeit ohne die eigenen Eltern nur mit absoluter Zugewandtheit der Erzieherin und Konzentration auf es selbst aushält. Denn das Kind muss schließlich allmählich lernen, dass es die Bezugserzieherin – trotz hoher Aufmerksamkeit der Erzieherin und konzentrierter Interaktion mit dem Kind – nicht für sich ganz alleine hat, sondern diese mit anderen Kindern teilen muss.

Ein Gruppentagebuch für die verlässliche Informationsweitergabe

Auch hier müssen die Bring- und Abholsituationen erwähnt werden, die Gelegenheit zum gegenseitigen Informationsaustausch bieten. Um gerade in Gruppensituationen mit Schichtdiensten eine verlässliche Informationsweitergabe zu gewährleisten, sollten die Gruppenerzieherinnen ein Gruppentagebuch führen, in dem sowohl Besonderheiten, Gewohnheiten und Rituale der einzelnen Kinder aus der Gruppe festgehalten werden können, wie auch tägliche, aktuelle Informationen über das Kind. Außerdem kann in einer solchen Dokumentationsform protokollartig notiert werden, was die Kinder gegessen, wie viel sie geschlafen haben und wie ihre Ausscheidungsprozesse waren.

Darüber hinaus sollte die Erzieherin in der Bringsituation berücksichtigen, dass ihr die Mutter das Kind übergibt und sie es nicht der Mutter aus den Armen nimmt, auch nicht, wenn es weint und die Mutter selbst unsicher ist, wie sie sich verhalten soll. Hier helfen kurze Blickkontakte oder sonstige Signale vonseiten der Erzieherin an die Mutter. Dem Kind wird es langfristig besser in der Krippe gehen, wenn es kontinuierlich erfährt, dass es von der Mutter vertrauensvoll in die Obhut der Erzieherin übergeben wird. Und das wiederum stärkt die Position und Funktion der eingewöhnenden Erzieherin.

Wichtig ist, dass die Mutter beim Bringen der Erzieherin das Kind übergibt, das erleichtert dem Kind den Abschied und stärkt die Position der Erzieherin.

Unterstützung der Gruppenarbeit durch eine zweite Kraft

Erzieherinnen, die neue Kinder in Krippe oder Kindergarten eingewöhnen, haben eine sehr anstrengende und anspruchsvolle Arbeit zu leisten. Sie müssen deshalb unbedingt von der Leitung und den Kolleginnen von zusätzlichen Aufgaben innerhalb der Einrichtung und der Gruppe entlastet werden. Hier kommt zum Tragen, wie wichtig eine zweite Kraft in der Krippengruppe ist, die sich während der Eingewöhnung um die anderen Kinder kümmert und für diese präsent ist. Auch der Zeitpunkt der Eingewöhnung kann maßgebend dafür sein, wie anstrengend die ersten Tage der Eingewöhnung für Kind, Eltern und Erzieherin sind.

Während der Eingewöhnungsphase muss die Erzieherin durch eine zweite pädagogische Kraft entlastet werden, die für die anderen Kinder da ist.

Eingewöhnung in Randzeiten

Es empfiehlt sich, die ersten Aufenthalte des neuen Kindes in Randzeiten zu legen, zu denen noch nicht (oder nicht mehr) alle Kinder der Gruppe anwesend sind. Von etwaigen Vorstellungen, das Kind in einer isolierten Erzieher-Kind-Eltern-Situation einzugewöhnen, quasi losgelöst von der Gruppe, ist generell abzuraten. Zum einen ist diese Situation in den seltensten Fällen oder nur mit hohem Kraft- und Organisationsaufwand herzustellen, zum anderen hat das Kind in einer (wenn auch abgespeckten) Gruppensituation die Chance, zu anderen Kindern Kontakt aufzunehmen. Manche Kinder finden den Anschluss an die neue Situation eher über andere Kinder, als über die Erzieherin. Außerdem erlebt das Kind auf diesem Wege eher die Alltagsrealität in seiner neuen Betreuungssituation.

In Randzeiten ist die Gruppensituation für das neue Kind überschaubarer, die Kontaktaufnahme zu anderen Kindern damit leichter. Die Anwesenheit einer zweiten Kraft ist auch bei verminderter Gruppenstärke wichtig, um flexibel auf die Bedürfnisse des Kindes reagieren zu können.

Ebenso kann es von Vorteil sein, wenn die zweite Kraft der Gruppe während der Eingewöhnung auch anwesend ist. Somit kann sich das neue Kind gleich an diese Person gewöhnen. Darüber hinaus entscheiden auch junge Kinder selbst darüber, wer ihnen sympathisch ist. Manchmal kommt es eben auch vor, dass neue Kinder eher zu der Kollegin in der Gruppe Kontakt suchen als zu der eingewöhnenden Erzieherin. In solchen Fällen gilt es, offen für diese Entwicklung zu sein und dementsprechend flexibel mit der Eingewöhnungssituation umzugehen.

Transparenz über die Qualität der pädagogischen Arbeit

Manchen Erzieherinnen fällt die Vorstellung, dass Eltern während der Begleitung der Eingewöhnung über Tage und Wochen hinweg in ihrer Gruppe anwesend sind, nicht leicht. Sie fühlen sich womöglich beobachtet und fürchten, dass ihr Verhalten den Kindern gegenüber kritisch betrachtet und bewertet werden könnte bzw. dass Missverständnisse aufseiten der Eltern entstehen. Diese Möglichkeit besteht zwar tatsächlich, doch können Erzieherinnen gerade in der elternbegleiteten Eingewöhnung ihr Verhalten und damit auch die Qualität ihrer Arbeit transparent machen. Diese Transparenz birgt die Chance, dass die Eltern die Arbeit der Fachkräfte deutlich mehr achten. Außerdem können Eltern nur dann, wenn sie die Arbeit und das Verhalten der Erzieherin über eine bestimmte Zeit hinweg miterleben, Vertrauen in dieses finden. Bisweilen kann es erforderlich sein, dass die Fachkraft den Eltern hin und wieder Erklärungen für ihr Verhalten liefert und die pädagogischen und psychologischen Hintergründe erläutert.

Transparenz bringt Anerkennung für die Arbeit der Erzieherin und stärkt auch die Erziehungskompetenz der Eltern.

Darin liegt gleichzeitig auch die Chance, dass Eltern in ihrer eigenen Erziehungskompetenz gestärkt werden und ihr Kind feinfühlig(er) wahrnehmen und auf seine Bedürfnisse (besser) einzugehen lernen.

Welche Rolle sollte die Erzieherin während der Eingewöhnung einnehmen?

Vorsichtige und behutsame Kontaktaufnahme zum Kind

In den ersten Tagen der Eingewöhnung sollte die Erzieherin dem neuen Kind eher zurückhaltend begegnen. Sie sollte nur vorsichtig zu ihm Kontakt aufnehmen, es nicht durch überschwängliche Kontaktangebote, wie auf den Arm nehmen oder gar im Gesicht streicheln und Ähnliches, überrumpeln. Am besten ist, wenn sie die Signale des Kindes in ihre Richtung abwartet und dann auf seine Kontaktangebote reagiert. Oftmals entstehen erste Kontakte mit dem Kind auch über Spielangebote oder eine Beteiligung am Spiel des Kindes. Wichtig ist in jedem Fall, dass die Erzieherin feinfühlig wahrnimmt und beobachtet, was das Kind zulässt, aber auch wie es sich in der neuen Situation verhält. Ebenso ist für sie das Verhalten zwischen Mutter und Kind sehr aufschlussreich, denn das gibt ihr Informationen darüber, wie sehr sich das Kind auf die Eltern bezieht und umgekehrt.

Genaue Beobachtung des Verhaltens und der Interaktionen bei den ersten Trennungsversuchen

Grundsätzlich sollte in den ersten drei Tagen noch kein Trennungsversuch erfolgen. Findet dieser dann erstmals statt (nicht an einem Montag!), ist es Aufgabe der Erzieherin, das Verhalten des Kindes auf die Trennung und während der Abwesenheit der Mutter gut zu beobachten und daraus eine Fortsetzung des Trennungsversuches oder möglicherweise auch den Abbruch abzuleiten.

Zeigt das Kind während der Trennung ein gleichmütiges Verhalten und ist weiter an seiner Umgebung interessiert, kann die Trennung bis etwa 30 Minuten erfolgen. Viele Krippen lassen die erste Trennung auch nur 15 bis 20 Minuten andauern. Die letztendliche Entscheidung darüber kann die Erzieherin aufgrund ihrer Beobachtung aus den ersten Tagen in der Eingewöhnungsphase herleiten und mit der Mutter vor dem ersten Trennungsversuch abstimmen.

Wenn das Kind in der Trennungssituation zu weinen beginnt, sich dann aber rasch und dauerhaft von der Erzieherin trösten lässt, kann es bei der vereinbarten Trennungsdauer bleiben. Sollte das Kind jedoch sehr verstört wirken oder sich nicht trösten lassen, muss die Mutter sofort geholt werden. Das kann dann evtl. eine andere in der Gruppe anwesende Kraft tun, oder die Erzieherin geht mit dem Kind selbst zur Mutter an ihren Warteplatz in der Einrichtung.

In diesem Fall sollte der nächste Trennungsversuch erst einige Tage später erfolgen, damit sich das Kind wieder stabilisieren kann.

Wenn Kinder in der neuen Umgebung und erst recht in den Trennungssituationen versuchen, sich selbst zu beruhigen (z.B. mit einer mitgebrachten Flasche oder einem Übergangsobjekt) oder sich anderweitig bemühen, mit der Belastungssituation fertig zu werden, ohne sich an Mutter oder Erzieherin zu wenden, können dies Indizien für eine kürzere Eingewöhnungsdauer sein. Suchen sie dagegen häufig Körper- und Blickkontakt mit der Mutter und verlangen sie sehr stark und heftig während der Trennung nach ihr, weist das eher auf eine längere Eingewöhnungsdauer hin.

Auch wenn die Begründer unterschiedlicher Eingewöhnungsmodelle sehr verschiedene Vorgaben bezüglich der Dauer einer elternbegleiteten Eingewöhnung machen (Hans-Joachim Laewen spricht von einer Dauer zwischen 6 Tagen und höchsten drei Wochen, Kuno Beller dagegen von vier Wochen und gegebenenfalls länger), möchte ich in jedem Fall dafür plädieren, dem Kind und auch den Eltern genügend Zeit für die Eingewöhnung zu lassen. Wenn Kind und Eltern die Möglichkeit haben, allmählich und zunehmend in die Abläufe des Tages, also auch das Essen, Wickeln und Schlafen, hineinzuwachsen und zu erleben, dass diese zunehmend problemlos verlaufen, wird es beiden schließlich leichter fallen, sich voneinander zu verabschieden und die Zeit ohne einander gut zu bewerkstelligen.

Um eine Entscheidung über die Dauer der Eingewöhnung zu treffen, muss die Erzieherin sowohl das Verhalten des Kindes als auch das der Mutter sehr genau und feinfühlig wahrnehmend beobachten.

Allmähliche Ausweitung der Betreuungsaufgaben

Neben dem ersten Trennungsversuch initiiert die Erzieherin nach und nach Versorgungsaufgaben für das Kind. Sie begleitet zunächst das Füttern, Wickeln und Schlafen zusammen mit dem Elternteil und übernimmt diese Aufgaben dann allmählich selbst.

Darüber hinaus nimmt sie auch in den Interaktionen mit dem Kind zunehmend eine aktivere Rolle ein und bietet sich immer mehr auch direkt als Spielpartnerin an.

Nach einer hinreichenden Stabilisierungsphase während der Eingewöhnung gilt es schließlich in der Schlussphase, die volle Betreuungszeit des Kindes in der Einrichtung zu gestalten. Hier müssen mit den Eltern Vereinbarungen getroffen werden, dass sie trotz problemlosen Verhaltens ihres Kindes in der Einrichtung für einige Tage noch erreichbar sind.

Was kann den Übergang für die Erzieherin erschweren?

Krankheitsbedingte personelle Engpässe

Wenn während der Eingewöhnungsphase, insbesondere während der ersten Tage der Eingewöhnung, die zweite Kraft in der Krippengruppe erkrankt, tritt sehr schnell eine Überforderungssituation für die eingewöhnende Erzieherin wie auch für alle Kinder in der Gruppe ein. Eine solche Situation ist auch schon außerhalb einer Eingewöhnung nicht tragbar. Doch gerade dann ist es unmöglich, sowohl dem neuen Kind als auch den anderen Kindern gerecht zu werden. In einem solchen Fall muss unbedingt eine Ersatzkraft in der Gruppe mitarbeiten, die den „alten“ Kindern möglichst bekannt, ja vertraut ist. Aus diesem Grund sollten in Kindertageseinrichtungen mit Krippengruppen immer Vertretungskräfte für den Krippenbereich installiert werden, die regelmäßig Kontakt zu den Krippenkindern pflegen.

Bei Krankheitsfällen während der Eingewöhnung sind Vertretungskräfte in der Gruppe unverzichtbar.

Doch auch die Bezugserzieherin selbst kann während der Eingewöhnung unerwartet krank werden. In diesem Fall sollte mit den Eltern des neuen Kindes besprochen werden, das Kind über diesen Zeitraum hinweg möglichst zu Hause zu lassen und die Einrichtung erst wieder mit Rückkehr der Erzieherin zu besuchen. Dann muss unter Umständen – je nach Krankheitsdauer der Erzieherin und vorheriger Eingewöhnungs- bzw. Stabilisierungsdauer bzw. Stabilität des Kindes in der neuen Situation – mit einem Neuanfang der Eingewöhnung gerechnet werden.

Sollte die eingewöhnende Erzieherin absehbar über eine längere Zeit während der Eingewöhnung erkranken, sollte an ihrer Stelle eher eine andere Kraft aus der Gruppe die Eingewöhnung übernehmen.

Geduld, Einfühlungsvermögen und Vertrauen in die eigene Kompetenz

Wenn Kinder während der Eingewöhnung anfangs noch ein ablehnendes Verhalten gegenüber der neuen Bezugsperson zeigen oder wenn sie sich in ihrem Kummer und Weinen (noch) nicht von dieser trösten lassen, sollten Erzieherinnen dies nicht als persönliches Versagen interpretieren. Hier gilt es vielmehr, das Verhalten und Befinden des Kindes als sein ganz individuelles Bindungsverhalten zu verstehen und zu akzeptieren. Erzieherinnen brauchen dann Geduld, Einfühlungsvermögen und insbesondere das Vertrauen in die eigene Kompetenz. Wenn sie in diesen Situationen Souveränität zeigen, kann dies auch entlastend auf Eltern wirken und sich entsprechend auf diese übertragen.

Klare Bejahung der frühen institutionellen Betreuung

Wichtig ist vor allen Dingen, dass Erzieherinnen im Krippenbereich, und besonders jene, die Eingewöhnungen gestalten, keine eigenen Ambivalenzen in Bezug auf die frühe außerfamiliäre Betreuung des Säuglings oder Kleinkindes haben. Noch immer ist die frühe institutionelle Betreuung von jungen Kindern auch in Kreisen pädagogischer Fachkräfte nicht vollständig toleriert und etabliert. Nur Fachkräfte, die diese Aufgabe absolut bejahen und deren Bestreben es ist, diese pädagogische Herausforderung mit höchster Qualität zu gestalten, sind wirklich für diesen Arbeitsbereich geeignet.

Innere Ablehnung gegenüber Eltern, die ihr Kind schon früh in eine außerfamiliäre Betreuung geben, muss vielleicht nicht gerade in Worte gepackt werden, sondern kann auch über Körpersprache signalisiert werden oder sich in einer distanzierten Haltung den Eltern gegenüber zeigen.

Offener Austausch bei Trennungsschwierigkeiten ambivalenter Eltern

Auch Eltern zeigen zuweilen Ambivalenzen in der Übergangssituation. Das äußert sich in Form von Schuldgefühlen oder einem schlechtem Gewissen gegenüber der Tatsache, dass sie ihr Kind in der Krippe angemeldet haben und es in eine fremde Betreuung geben. Manchmal ist ein besonders aktives Verhalten der Eltern während der Eingewöhnung ein Indiz dafür, das dem Kind signalisieren soll: „Ich lasse dich hier nicht im Stich. Ich bin für dich da!“. Ein anderer Hinweis sind Schwierigkeiten der Eltern beim Abschied vom Kind, wenn Trennungen besonders lange hinausgezögert werden, wenn Eltern auch nach der Verabschiedung immer wieder zu dem Kind zurückkehren und den Gruppenraum nicht verlassen können. Dies bringt Erzieherinnen wiederum in Konflikte, ob und wie sie dann intervenieren sollen. Einerseits möchten sie nicht in die Beziehung zwischen Mutter und Kind eindringen und dadurch Misstrauen auf Seiten der Mutter schüren. Andererseits sehen sie, dass niemandem geholfen ist, wenn Trennungssituationen zu lange andauern, weder der Mutter noch dem Kind, und dass das vielmehr die Schwierigkeiten von beiden verstärkt.

In diesen Fällen hilft nur ein offenes Gespräch, welches die Erzieherin initiieren sollte, in dem sie ihre Beobachtungen und Sorgen in Bezug auf Mutter und Kind schildert und die Mutter um Überdenken ihres Verhaltens und wenn möglich eine Veränderung desselben bittet. In diesem Zusammenhang sollte sie die Mutter fragen, was es ihr erleichtern würde, das Kind loszulassen. Damit signalisiert sie auch Verständnis für die Gefühle der Mutter und ihre Bereitschaft, zum Wohle aller Beteiligten zu agieren.

Offenheit für Alternativen zur Betreuungsperson, Betreuungsform und -zeitpunkt

Wenn trotz allen Bemühens vonseiten der Mutter oder andauernder Schwierigkeiten bei dem Kind keine Änderung des Verhaltens möglich ist, kann überlegt werden, das Kind evtl. durch eine andere Person eingewöhnen zu lassen, der es leichter fällt loszulassen und zu der das Kind ebenfalls eine sichere Beziehung hat.

Im äußersten Fall muss auch eine andere Betreuungsform für das Kind in Erwägung gezogen werden oder die Eingewöhnung gar auf einen späteren Zeitpunkt verschoben werden.

Probleme des Loslassens und Konkurrenzängste

Gerade in diesem Kontext soll noch einmal darauf hingewiesen werden, wie hilfreich es für alle sein kann, sich über potenzielle Schwierigkeiten mit dem Loslassen Können bereits zu einem frühen Zeitpunkt (im Aufnahme- oder Eingewöhnungsgespräch) auszutauschen. Doch nicht nur die Schwierigkeiten von Eltern in Bezug auf das Loslassen Können des Kindes können die Bewältigung des Übergangs für Kind, Eltern und die Erzieherin stark beeinträchtigen. Auch unterschwellige Konkurrenzängste der Eltern können diese Wirkung haben. Oftmals ist es auch ein Zusammenspiel beider Faktoren.

Permanente Reflexion der pädagogischen Beziehung zum Kind

Umgekehrt müssen Erzieherinnen, die in Krippen arbeiten, immer wieder ihre eigenen Beziehungen zu den Kindern reflektieren. Schließlich betreuen sie die Kinder oftmals über eine lange Zeit des Tages und das über mehrere Jahre hinweg, so dass sie ihnen sehr vertraut und lieb werden. Hier gilt es permanent, eine gute Balance zwischen professioneller Nähe und Distanz zu wahren bzw. diese herzustellen. Dafür sollten Krippenerzieherinnen regelmäßige Begleitung und Supervision erfahren.

Die Ärztin Maria Vincze, die seit den 60er Jahren am Pikler-Institut in Budapest über viele Jahre mit Dr. Emmi Pikler zusammenarbeitete, hat sich intensiv mit den Aspekten „mütterliche Liebe“ und „professionelle Liebe“ auseinander gesetzt.

Sie führt aus, dass jede Mutter-Kind-Beziehung einmalig, komplex und unnachahmlich ist. Die Betreuerin-Kind-Beziehung dagegen sei etwas grundlegend anderes, denn sie folge einer anderen Motivation, ist beruflich bedingt und nicht in gleicher Weise zukunftsorientiert. Schließlich sei sich die Betreuerin immer dessen bewusst, dass es nicht ihr eigenes Kind ist, das sie betreut. Maria Vincze betont, dass bei der Erzieherin daher die Zuneigung zum Kind durch die Qualität der Betreuung, ihre Aufmerksamkeit gegenüber dem Kind, ihr Interesse und ihre Freude an ihm entsteht und umgekehrt.

> ***„Die Mutter betreut ihr Kind, weil sie es liebt, die Betreuerin liebt das Kind, weil sie es betreut.“***
>
> ***Maria Vincze***

Diese Überlegungen sollten aber auch auf das Risiko hinweisen, dass Erzieherinnen in der Krippe die Beziehungen zu den jungen und oftmals noch sehr anhänglichen und körperliche Nähe suchenden Kindern nicht etwa für die eigene

Bedürftigkeit nach Nähe und Zuwendung „missbrauchen“ sollten. Auch dies ist ein wichtiger Aspekt, den professionelle Fachkräfte in diesem Arbeitsbereich für sich reflektiert haben sollten, noch bevor sie in der Krippe arbeiten.

Konkurrenzängste bei Eltern vermeiden

Trotz aller Bedeutung, die die eingewöhnende Erzieherin in der Übergangssituation für das Kind und die Mutter einnimmt, sollte der Status der eingewöhnenden Erzieherin gegenüber den Eltern nicht überbewertet werden. Vielmehr genügt es, den Eltern zu vermitteln, dass der Beziehungsaufbau zu der neuen Bezugsperson wichtig ist. Wird die Rolle der Erzieherin jedoch überbetont, schürt dies gegebenenfalls Konkurrenzängste auf Seiten der Eltern. Eltern sollten ebenfalls darauf hingewiesen werden, dass ihr Kind auch zu der anderen Erzieherin in der Gruppe eine Beziehung aufbauen muss. Somit sind für den Fall, dass sie selbst später einmal ausfällt, gute Voraussetzungen geschaffen, dass sich das Kind dann dennoch in der Gruppe sicher und wohlfühlt.

Und die anderen Kinder in der Gruppe?

Und die anderen Kinder in der Gruppe? – Die Perspektive der anderen Krippenkinder

Die Eingewöhnung eines neuen Kindes in die Krippe und damit auch in die Kindergruppe steht meistens in Zusammenhang mit dem Abschied eines „alten“ Kindes aus der Gruppe. Manche Kinder vermissen vielleicht auch das ausscheidende Kind. Wenn ein „großes“ Kind geht, müssen die Kleineren in der Gruppe verbleiben und eine neue Rolle übernehmen. Nun wachsen andere Kinder in die Rolle der „Großen“ hinein. Innerhalb der Krippengruppe entstehen neue Gruppenkonstellationen und es verändert sich womöglich das ganze Gruppengefüge, wenn ein altes Kind geht und ein neues hinzukommt.

Was kann den Übergang für die Kindergruppe erleichtern?

Den Abschied ausscheidender Kinder gestalten

Zunächst sollte der Abschied eines Krippenkindes aus der Gruppe von den Erzieherinnen bewusst vorbereitet und gestaltet werden. Ein kleines Abschiedsfest in der Gruppe kann dabei den Übergang des Kindes aus der Krippengruppe – meist erfolgt dieser dann in den Kindergarten – thematisieren und entsprechend würdigen. Die Eltern des sich verabschiedenden Kindes können Fotos aus der neuen Betreuungseinrichtung des Kindes mitbringen. Anhand dieser kann den anderen Kindern gezeigt werden, wo es künftig spielen wird und wer dort seine Betreuerinnen sein werden. Vielleicht mag das ausscheidende Kind der Gruppe ein paar seiner „Kunstwerke“ überlassen, die dann für eine ganze Weile im Gruppenraum hängenbleiben können. Ebenso kann ein Foto des Kindes, das nun nicht mehr in der Krippe ist, im Gruppenraum hängen(bleiben).

Informationen über das neue Kind

Doch auch dem neuen Kind sollte vor seinem Eintritt in die Krippe innerhalb der Gruppe Aufmerksamkeit geschenkt werden. Die Erzieherinnen können das neue Kind anhand eines Fotos vorstellen, seinen Namen, vielleicht auch die Information, ob es Geschwister hat und wie alt es ist. Sie können auch darauf hinweisen, dass es nun den Garderobenplatz des verabschiedeten Kindes übernehmen wird. Mit diesen Aktivitäten soll der Eintritt des neuen Kindes in der Gruppe ebenso bewusst vorbereitet werden, wie der Abschied des alten Kindes.

Welche Rolle können die anderen Kinder während der Eingewöhnung einnehmen?

Dem Faktor der anderen Kinder in der Kindergruppe wurde bislang unter dem Aspekt der Eingewöhnung noch zu wenig Aufmerksamkeit gewidmet. Insbesondere Eingewöhnungsmodelle, die sich auf die Bindungstheorien stützen, legen den Focus während der Eingewöhnung eindeutig auf die Beziehung zwischen Eltern und Kind und auf die neue sich anbahnende Beziehung zwischen Bezugserzieherin und Kind. Das ist selbstverständlich ein maßgebendes Element in diesem Übergangsprozess. Doch Erfahrungen zeigen, dass auch bereits für das junge Kind andere Kinder sehr interessant sind. Zuwei-

Frühe Beziehungen zu den anderen Kindern der Gruppe, die auf gleicher Ebene angesiedelt sind, erleichtern dem Kind die Eingewöhnung.

len gelingt der Übergang in die Krippengruppe oder Kindergruppe bei der Tagesmutter über Kontaktangebote der anderen Kinder, noch bevor die neue erwachsene Bezugsperon überhaupt richtig registriert oder akzeptiert wird. In solchen Fällen sollten Erzieherinnen diese sich anbahnenden Spielbeziehungen zwischen den Kindern unbedingt positiv nutzen und zulassen. Weder die Eltern noch die pädagogische Fachkraft sollten diese Situation dann als eigenes Versagen interpretieren, sondern vielmehr als Chance nutzen.

Darüber hinaus bieten andere Kinder oder die Kindergruppe dem Eingewöhnungskind ganz andere Möglichkeiten als ein Erwachsener. Sie sind nicht so groß und mächtig wie die erwachsene Erzieherin und deshalb auch nicht so bedrohlich. Auch Konflikte lernen Kinder mit anderen Kindern leichter zu ertragen und zu lösen als mit Erwachsenen. Sogar Aggressionen eines anderen Kindes sind, obwohl sie Weinen auslösen, für das junge Kind weniger bedrohlich als Aggression, Ablehnung oder Beschämung von einem Erwachsenen.

Was kann den Übergang für die Kindergruppe erschweren?

Gefühle von Trauer oder Eifersucht

Wenn die „alten“ Krippenkinder nicht auf den Abschied eines Kindes aus ihrer Gruppe vorbereitet werden, können sie durch sein plötzliches Fehlen irritiert sein. Manche Kinder sind richtig traurig und vermissen dieses Kind sehr, denn oftmals entstehen auch unter den noch jungen Kindern bereits deutliche Sympathien und Freundschaften. Zuweilen kommt es vor, dass dann ein „altes“ Krippenkind nicht mehr in die Krippe möchte, weil sein Lieblingskind in der Gruppe nicht mehr da ist.

Umgekehrt können die „alten“ Kinder irritiert sein, wenn plötzlich und unvorbereitet ein neues Kind in der Gruppe ist.

Kinder reagieren manchmal auch mit Eifersucht auf den Neuankömmling. Das ist umso wahrscheinlicher, wenn die Lieblingserzieherin nun die Eingewöhnung übernimmt und sich in dieser Zeit dem neuen Kind sehr intensiv widmet.

Diese Eifersüchteleien alter Kinder in der Gruppe sollten die Erzieherinnen so gut wie möglich auffangen und vor allen Dingen keineswegs bagatellisieren. Eventuelle Äußerungen wie „Jetzt sei doch nicht so!“ oder „Stell dich doch nicht so an!“ sind in dieser Situation überhaupt nicht angemessen und bewirken eher das Gegenteil dessen, was beabsichtigt war. Ein eifersüchtiges Kind benötigt gerade in seinem emotionalen Ungleichgewicht das Erleben des Verstanden Werdens. Es braucht gerade dann einen deutlichen Schub an Zuwendung und Aufmerksamkeit. Vielleicht sieht die Erzieherin in diesem Fall sogar einen Weg, das Kind in Kontakt mit dem neuen Kind zu bringen. Hier muss jedoch gut beobachtet werden, ob das neue Kind für einen solchen Kontakt schon bereit ist. Am besten kann das über ein Spielangebot erprobt werden.

Qualitäts-merkmale für einen guten Start

So gelingt der Übergang

Es wurde aufgezeigt, dass der Übergang in die erste außerfamiliäre Betreuung für das Kind eine enorme Herausforderung und zugleich einen bedeutenden Entwicklungsschritt darstellt. Doch nicht alleine für das Kind, auch für seine Eltern, für die Einrichtung und die Kindergruppe verändert sich etwas.

Der Übergang in die Krippe muss das Zusammenspiel unterschiedlichster Faktoren und Perspektiven berücksichtigen.

Die Übergangsbewältigung ist immer als Kompetenz des gesamten sozialen Systems zu verstehen. Das wurde in den einzelnen Kapiteln detailliert dargestellt. Es wurde deutlich, dass der Übergang in die Krippe ein gutes Zusammenspiel sowie die Berücksichtigung aller familiären, institutionellen und persönlichen Konstitutionen erfordert.

Erziehungspartnerschaft mit den Eltern

Die Erziehungspartnerschaft beginnt mit dem Erstkontakt mit der Einrichtung über die Leitung, dem später ein Aufnahmegespräch sowie ein Eingewöhnungsgespräch durch die künftigen Erzieherinnen des Kindes folgen sollte.

Krippe und Kindertageseinrichtungen sollten in diesem Zusammenhang gezielte Formen der Zusammenarbeit und des Austauschs mit den Eltern etablieren und konzeptionell verankern.

Tägliche Tür- und Angelgespräche, Dokumentationsformen für die individuellen Gewohnheiten der Kinder sowie über die täglichen Ereignisse in der Gruppe sind gute Gelegenheiten, um Eltern an den wichtigen Erlebnissen ihres Kindes im Tagesablauf teilhaben zu lassen. Doch auch regelmäßige Entwicklungsgespräche gehören zu einem verlässlichen Austausch über die kindlichen Bildungs- und

Wesentliches Qualitätsmerkmal in der Krippe ist die Gestaltung der Erziehungspartnerschaft mit den Eltern. Geeignete und möglichst institutionalisierte Verfahren dafür sind:
- ***Erstgespräch, Aufnahmegespräch, Eingewöhnungsgespräch***
- ***Regelmäßiger Austausch durch Tür- und Angelgespräche, Dokumentationsformen, Portfolios, Entwicklungsgespräche***
- ***Elternberatung und Elternbildung***

Entwicklungsprozesse und bieten die Grundlage für gemeinsame Vereinbarungen mit den Eltern. Darüber hinaus ist in vielen Krippen Portfolioarbeit ein fester Bestandteil der Dokumentation kindlicher Bildungs- und Entwicklungsprozesse, an der sich auch die Eltern beteiligen und mitwirken können.

Der Einrichtung sollte daran gelegen sein, Eltern ihre pädagogische Arbeit und Zielsetzung transparent zu machen und dafür geeignete Methoden und Verfahren einsetzen. Nur so kann Vertrauen zwischen den Eltern und der Einrichtung geschaffen werden. Das wiederum bildet die Basis dafür, die gesunde Entwicklung des Kindes als gemeinsame Aufgabe zu betrachten.

Umfassende Angebote einer Krippe oder Kindertageseinrichtung hinsichtlich der Elternberatung und -bildung innerhalb der Einrichtung oder in Kooperation mit externen Institutionen oder Familienbildungsstätten runden eine qualitätsvolle Zusammenarbeit mit Eltern ab.

Die Qualifikation der pädagogischen Fachkräfte

Fachliche, personale und soziale Handlungskompetenz

Wenn wir über die Gestaltung der Übergangsprozesse und die damit einhergehende Zusammenarbeit mit Eltern nachdenken, und dies nicht nur während der Übergangszeit, sondern über den gesamten Aufenthalt des Kindes in der Krippe, muss betont werden, dass all dies nur mit Fachkräften zu bewerkstelligen ist, die ein hohes Maß an Professionalität besitzen.

Insbesondere der Bereich der frühkindlichen Bildung, Erziehung und Betreuung erfordert ein Höchstmaß an fachlicher, personaler, sozialer und Handlungskompetenz von pädagogischen Fachkräften. Fach- und Handlungskompetenz kann erworben werden, personale und soziale Kompetenz sollten Krippenerzieherinnen als reife, gewachsene Persönlichkeiten bereits mitbringen.

Wertschätzende und unterstützende Haltung gegenüber Eltern

Voraussetzung, um diesen Aufgabenbereich verantwortungs- und qualitätsbewusst zu gestalten, ist zuallererst eine wertschätzende, akzeptierende und unterstützende Haltung Eltern gegenüber, die ihr junges Kind in eine außerfamiliäre, institutionelle Betreuung geben. Wer diese Haltung nicht aufbringen kann, ist für diesen Arbeitsbereich nicht geeignet. Das Risiko, eine negative Haltung der Thematik gegenüber auf die Kinder zu übertragen, sie im Sinne des Bedauerns vielleicht zu überbehüten, oder sie zu sehr an sich zu binden, weil ihre „Rabenmütter" sich nicht hinreichend um sie kümmern, wäre eindeutig zu hoch. Es wäre weder der Entwicklung und dem Wohlbefinden des Kindes noch der Unterstützung und Vertrauensbildung vonseiten der Eltern förderlich.

Bewusste Entscheidung für die Kleinkindpädagogik

Darüber hinaus sollten sich Fachkräfte, die in der Krippe arbeiten, bewusst für diesen Einsatzbereich entscheiden. Er beinhaltet nicht nur ein hohes Maß an Verantwortung und Sensibilität, sondern stellt eine völlig andere Art des pädagogischen Arbeitens dar als die Betreuung und Begleitung von älteren Kindern. Aufgrund ihrer Entwicklungsthemen bedarf es in der Arbeit mit Säuglingen und Kleinkindern viel mehr einer professionellen Zurückhaltung, die sich durch eine beobachtende Rolle und ein gezielten Abwägen dessen, wann ein Kind Assistenz benötigt, manifestiert. Außerdem beinhaltet diese Arbeit einen guten Teil pflegerischer Tätigkeit, die jedoch pädagogisch gestaltet und genutzt werden kann (und soll). Nicht zuletzt kommt es auch vor, dass Erzieherinnen in der Krippe hin und wieder Nasensekret, Schleim

> ***Der pflegerische Aspekt ist bei der Betreuung von Kleinstkindern zentral und muss von der pädagogischen Fachkraft bewusst gewollt sein.***

und Speichel von den Kleinen auf ihre Kleidung oder anderswohin abbekommen. Auch das muss eine Fachkraft aushalten können.

Reflexion des eigenen pädagogischen Verhaltens

Zum Schluss soll noch einmal das hohe Maß an Eigenreflexion von Krippenerzieherinnen angesprochen werden, das die Arbeit mit Kleinstkindern erfordert. Diese sind einerseits abhängig von sicheren und verlässlichen Beziehungen und haben gleichzeitig ein grundlegendes Bedürfnis nach Exploration. Ihr Bindungsbedürfnis stellt einerseits große Anforderungen daran, die Beziehung zu den Kindern zwar verlässlich, aber nicht abhängig zu gestalten und erst recht nicht in Konkurrenz zu den elterlichen Beziehungen zu treten. Andererseits fordert das Explorationsbedürfnis der Kinder Erzieherinnen dazu heraus, ihr eigenes Bedürfnis nach Sicherheit und Aufsicht permanent zu überprüfen. Es gilt immer abzuwägen, zum einen der freien, autonomen Entwicklung des Kindes und seinem Lernbedürfnis nicht im Wege zu stehen und dennoch seinem Wohl und Schutz zu dienen.

Zum Schluss

Ich wünsche allen Eltern und Erzieherinnen, die ein Kind in diesem so bedeutungsvollen Übergangsprozess von der Familie in die Krippe begleiten, eine gute Zusammenarbeit, die geprägt ist von gegenseitigem Vertrauen und einem Sich Einlassen auf diese Veränderung. Bei diesem Entwicklungsschritt hilft oft ein gutes Stück Zutrauen in die Kompetenzen des Kindes, aber auch in die eigenen Fähigkeiten als Eltern sowie in die Kompetenzen und Erfahrungen der pädagogischen Fachkräfte.

Ich möchte alle an Übergangsprozessen Beteiligten dazu ermuntern, sich die Hilfe und Unterstützung, aber auch die Informationen zu holen, die sie benötigen, um dies gut bewerkstelligen zu können. Ich hoffe, mit diesem Buch ein Stück zur Aufklärung und Information, aber auch zur Ermutigung beitragen zu können.

Edith Ostermayer

Zur Autorin

Edith Ostermeyer
hat viele Jahre als Erzieherin und Kita-Leiterin gearbeitet und war als wisenschaftliche Mitarbeiterin an einem Fortbildungsinstitut tätig. Heute arbeitet sie freiberuflich als Referentin in der Fortbildung für Erzieherinnen und ist Autorin zahlreicher pädagogischer Fachbücher.

www.edith-ostermayer.de

Edith Ostermayer

Unter drei – mit dabei

Wege zu einem qualifizierten
Betreuungsangebot in der Kita
176 Seiten, kartoniert, Fotos
ISBN 978-3-7698-1644-0

Welche Rahmenbedingungen sind nötig, damit die Aufnahme der Kleinsten klappt? Edith Ostermayer zeigt anschaulich, welche veränderten Anforderungen die Erzieherin erfüllen muss, damit sie gleichermaßen souverän mit dem Wickelkind wie mit dem Schulanfänger umgehen kann.

Literatur

Ahnert, Lieselotte (Hrsg.): Frühe Bindung. Entstehung und Entwicklung; Reinhardt Verlag, München 2004, S. 80 ff

Ahnert, Lieselotte: Bindung und Bildung. Multiple Betreuungserfahrungen – Multiple Bindungsbeziehungen. S. 5, In: Bertelsmann Stiftung, Staatsinstitut für Frühpädagogik (Hrsg): Wach, neugierig, klug – Kompetente Erwachsene für Kinder unter 3: Ein Fortbildungshandbuch, 2008

Beller, E. Kuno: Eingewöhnung in die Krippe. Ein Modell zur Unterstützung der aktiven Auseinandersetzung aller Beteiligten mit Veränderungsstress. In: Frühe Kindheit. Zeitschrift der Deutschen Liga für das Kind. 2/2002, S. 9–14

Booth, Cathryn L., Kelly, Jean F., Spieker, Susan J. Zuckermann, Tracy G.: Toddler's attachement security to child care providers: The Safe and Secure Scale. Early Education and Development (14), 2003, S. 83–100

Griebel, Wilfried, Niesel, Renate: Die Bewältigung von Übergängen zwischen Familie und Bildungseinrichtung als Co-Konstruktion aller Beteiligter. In: Kindergartenpädagogik – Online-Handbuch, hrsg. von Textor, Martin R. (Hrsg.). www.kindergartenpaedagogik.de

Laewen, Hans-Joachim: Nichtlineare Effekte einer Beteiligung von Eltern am Eingewöhnungsprozess von Krippenkindern: Die Qualität der Mutter-Kind-Bindung als vermittelnder Faktor. Psychologie in Erziehung und Unterricht 2 ,1989, S. 102–108

Laewen, Hans-Joachim, Andres, Beate., Hédervári, Éva.: Die ersten Tage – ein Modell zur Eingewöhnung in Krippe und Tagespflege; Cornelsen Scriptor, Berlin/Mannheim 2003

Ostermayer, Edith: Kleinstkinder achtsam begleiten. Bildung und Betreuung von Kindern unter Drei; Herder, Freiburg 2010

Ostermayer, Edith: Unter drei – mit dabei! Wege zu einem qualifizierten Betreuungsangebot in der Kita; Don Bosco, München 2007

Vincze, Maria: Mütterliche Liebe – Professionelle Liebe; P. Zeitler Verlag, München 2002, S. 15

Welzer, Harald: Transitionen – zur Sozialpsychologie biografischer Wandlungsprozesse. Edition discord, Tübingen. In: Wassilios E. Fthenakis (Hrsg.): Elementarpädagogik nach PISA; Herder, Freiburg 2004, S. 136 ff

Winner, Anna; Erndt-Doll, Elisabeth: Anfang gut? Alles besser! Ein Modell für die Eingewöhnung in Kinderkrippen und anderen Tageseinrichtungen für Kinder; Verlag das Netz, Berlin 2009, S. 26

10 Goldene Regeln für Eltern
damit die Eingewöhnung in der Kinderkrippe gelingt

1. **Der Übergang ist eine gemeinsame Aufgabe aller Beteiligten und muss gut vorbereitet und bewusst gestaltet werden.**

   Wenn sich alle Beteiligten – Kinder, Eltern und BetreuerInnen – frühzeitig mit der anstehenden Herausforderung beschäftigen und sie verantwortungsvoll planen, ist der Einstieg in die Krippe mit seinen Veränderungen leichter zu bewältigen.

2. **Umfassende Informationen im Vorfeld bilden die Basis der Zusammenarbeit.**

   Das gegenseitige Kennenlernen von Eltern, Kind und Betreuungspersonen ist eine wichtige Voraussetzung für einen guten Start. Erzieherinnen hilft es, wenn sie im Vorfeld die Eltern und ihr Kind kennenlernen und über seine Vorlieben und Eigenarten Bescheid wissen.

   Als Eltern eines zukünftigen Krippenkindes müssen Sie über den Alltag und den Tagesablauf in der Krippe Bescheid wissen. Transparenz über das pädagogische Konzept und Vorgehen der Erzieherin schafft eine Vertrauensbasis, die die Kooperation erleichtert.

3. **Das Kind braucht in der Eingewöhnungsphase unbedingt die Hilfe der Eltern.**

   In den ersten Wochen der Fremdbetreuung muss das Kind von einem Elternteil begleitet werden. Seine Bezugserzieherin baut in dieser Phase allmählich Kontakt zu ihm auf, der mit der Zeit immer vertrauter wird. Damit Sie Ihr Kind anfangs begleiten können, sollten Sie früh Absprachen mit Ihrem Arbeitgeber treffen. Als Faustregel gilt, die Eingewöhnung immer mindestens vier Wochen vor dem Arbeitsantritt zu beginnen.

4. **Der Übergang in die Kinderkrippe muss schrittweise erfolgen.**

   In den ersten Tagen ist die Anwesenheit der Eltern in der Gruppe unverzichtbar. Nach einigen Tagen können erste kurze Trennungsversuche erfolgen. Langsam wird die Verweildauer des Kindes in der Gruppe gesteigert, während sich die Eltern schrittweise zurückziehen. Mit der Zeit wird die Betreuungsdauer auf den vollen Umfang ausgeweitet.

5. **Klare Vereinbarungen und Verlässlichkeit sind wichtig und hilfreich.**

   In der Eingewöhnungsphase müssen Kinder vor allem Sicherheit in der Beziehung zu Ihnen als Eltern erleben, das bedeutet: Getroffene Vereinbarungen, z. B. der Zeitpunkt der Rückkehr nach Trennungsversuchen, müssen zuverlässig eingehalten werden.

6. **Beim Weggehen sollten sich Eltern klar und deutlich verabschieden.**

   Wenn Sie sich aus dem Gruppenraum entfernen, sollten sie sich nicht „hinausschleichen“, sondern sich deutlich und kurz nach dem Motto „Kuss und Schluss“ verabschieden. Das Hinauszögern des Abschieds macht es dem Kind schwerer, sich zu trennen.

7. **Rituale erleichtern den Abschied, Übergangsobjekte helfen dem Kind in der neuen Umgebung.**

   Rituale in Bringzeiten können Ihrem Kind den Abschied erleichtern. Zu lange Abschiedsrituale erschweren wiederum dem Kind die Trennung.
   Vielen Kindern erleichtert es den Übergang, wenn sie in der neuen Umgebung einen vertrauten Gegenstand von zu Hause bei sich haben können.

8. **Das Kind braucht die innere Erlaubnis der Eltern, sich in der neuen Umgebung wohlzufühlen.**

   Wenn Sie als Eltern dem Kind die „innere Erlaubnis“ dafür geben, sich in der Krippe wohlzufühlen, dann spürt das Kind deutlich Ihren Vertrauensvorschuss in die neue Umgebung. Voraussetzung dafür ist, dass Sie selbst bereit sind, ihr Kind loszulassen, und dass Sie ihm zutrauen, dass es mit der neuen Situation, wenn auch nicht sofort, aber doch in absehbarer Zeit, umgehen kann.

9. **Wichtig ist, dass das Kind die Einrichtung regelmäßig besucht.**

   Nur durch die kontinuierliche Begegnung mit der neuen Umgebung und den neuen Menschen dort kann sich Ihr Kind allmählich an diese gewöhnen und diese von nun an als Bestandteil seines Lebens integrieren.

10. **Ein vertrauensvolle Beziehung zwischen Ihnen als Eltern und den betreuenden Erzieherinnen erleichtert dem Kind die Eingewöhnung.**

    Beim Übergang Ihres Kindes in die Krippe müsssen Sie lernen und akzeptieren, dass Ihr Kind nun Beziehungen zu anderen Erwachsenen eingeht und dass diese nicht mit der Eltern-Kind-Beziehung in Konkurrenz stehen. Der Übergang wird erleichtert, wenn Sie selbst eine vertrauensvolle Beziehung zur Erzieherin aufbauen, die von gegenseitigem Respekt und Akzeptanz geprägt ist.
    Wenn Sie als Eltern den ganzen Prozess zuversichtlich begleiten, wenn sie Ihrem Kind die Entwicklungsaufgabe und der Erzieherin Professionalität zutrauen, ist dies die beste Voraussetzung für einen guten Start in die Kinderkrippe.

Krippenkinder betreuen und fördern

Erstes Erzählen mit Krippenkindern

Mit Reihengeschichten, Lautgeschichten, Erzählkittelchen

100 Seiten, kartoniert, inkl. CD-ROM
farbige Fotos und Illustrationen
ISBN 978-3-7698-1838-3

Babys und Kinder, die „in Sprache baden", genießen die besten Voraussetzungen für eine erfolgreiche Sprachentwicklung. Denn mit dem Eintauchen in die Welt der Wörter, kleinen Verse und Erzählungen entstehen Bilder im Kopf, werden Beziehungen grundgelegt und reifen erste Vorstellungen heran, wie Sprache funktioniert. Einfache Methoden für das Erzählen mit Krippenkindern und zahlreiche Ideen, wie die Kinder selbst am Erzählen teilnehmen können: mit Reihengeschichten, Lachgeschichten, bildgestütztem Erzählen, „Geschichten an der Wäscheleine" und „Erzählkittelchen".

Auf der beiliegenden CD-ROM:

24 farbige Erzählkarten mit Reimpaaren, Schnittmuster für das Erzählkittelchen, Geschichtenbauplan für Reihengeschichten und eine Beispielgeschichte für das Kamishibai (Tischtheater).

DON BOSCO

lebendig · kreativ · praxisnah
www.donbosco-medien.de